Eduard Reich

Weltanschauung und Menschenleben, Religion, Sittlichkeit und Sprache

Betrachtungen über die Philosophie J. Frohschammers

Eduard Reich

Weltanschauung und Menschenleben, Religion, Sittlichkeit und Sprache
Betrachtungen über die Philosophie J. Frohschammers

ISBN/EAN: 9783743473539

Hergestellt in Europa, USA, Kanada, Australien, Japan

Cover: Foto ©ninafisch / pixelio.de

Weitere Bücher finden Sie auf **www.hansebooks.com**

Universitas.

Zeitschrift
für
gesammte Menschenkunde, sociale Medicin und Hygieine, und politisch-moralische Wissenschaften.

Von

Dr. Eduard Reich.

Diese Zeitschrift, jedem höher Gebildeten unentbehrlich, erscheint in zwangloser Folge in Heften (jährlich etwa 3 bis 4) von je zehn Octav-Druckbogen Umfang, zum Preise von je 4 Mark oder fünf Francs. Ein jedes Heft macht ein selbständiges Ganzes aus, und erhält besonderen Titel, Inhalts-Verzeichniss und Register.

Jede Buchhandlung des In- und Auslandes nimmt Abonnements entgegen.

Der ausführliche Prospectus dieser Zeitschrift befindet sich in dem in unserem Verlage erschienenen Werke von **Dr. Eduard Reich:** „Social-medicinische Aufsätze". Seite 187 ffg.

Grossenhain, Ende September 1883.

BAUMERT & RONGE
Verlagsbuchhandlung.

Arbeiten des Verfassers.

Medicinische Chemie. Erlangen, 1857—58. Zwei Bände. — 812 Seiten. M. 13,20 - Fr. 16,50.

Die Abhängigkeit der Civilisation von der Persönlichkeit des Menschen und von der Befriedigung der Lebensbedürfnisse. Minden, 1883. Zwei Bände. — 556 Seiten. (M. 12,50   Fr. 15,62)

Das Leben des Menschen als Individuum. Berlin, 1881. Ein Band — 384 Seiten. (M. 7. — — Fr. 8. 75 Ct.)

Die Gestalt des Menschen und deren Beziehungen zum Seelenleben. Heidelberg, 1878. Ein Band — 372 Seiten. (M. 10. —   Fr. 12,50.)

Die Fortpflanzung und Vermehrung des Menschen aus dem Gesichtspuncte der Physiologie und Bevölkerungslehre betrachtet. Jena, 1880. Ein Band — 384 Seiten. (M. 12 —   Fr. 15—)

Geschichte, Natur- und Gesundheitslehre des ehelichen Lebens. Cassel, 1864. Ein Band — 574 Seiten. (M. 10. 50 Pf. - Fr. 13,15.)

Studien über die Frauen. Jena, 1875. Ein Band — 488 Seiten. (M. 12, — Fr. 15—)

Studien über die Volksseele aus dem Gesichtspuncte der Physiologie und Hygieine. Zweite Auflage. Jena, 1879. Ein Band — 470 Seiten. (M. 12. — Fr. 15—)

Beiträge zur Anthropologie und Psychologie mit Anwendungen auf das Leben der Gesellschaft. Zweite Auflage. Braunschweig, 1879. Ein Band. 390 Seiten. (M. 6 — . Fr. 7,50.)

Der Mensch und die Seele. Berlin, 1872. Ein Band — 652 Seiten. (M. 11— Fr. 13,75.)

Die allgemeine Naturlehre des Menschen. Giessen, 1865. Ein Band — 696 Seiten. (M 9. — .. Fr. 11,25.)

Die Seele, die Gesundheit der Seele und die Civilisation. (Unter der Presse)

System der Hygieine. Leipzig, 1870—71. Zwei Bände 1048 Seiten. (M. 18— Fr. 22,50.)

Die Hygieine, deren Studium und Ausübung. Zweite Auflage. Würzburg, 1874. Ein Bändchen — 82 Seiten. (M. 3—   Fr. 3 75 Ct.)

Die Ursachen der Krankheiten. Zweite Auflage, Berlin, 1877, Ein Band — 670 Seiten. (M.12. - Fr. 15—)

Lehrbuch der allgemeinen Aetiologie und Hygieine. Erlangen, 1858. (Vergriffen.)

Ueber die Entartung des Menschen. Erlangen, 1868. (Vergriffen.)

Die Nahrungs- und Genussmittelkunde, historisch, naturwissenschaftlich und hygieinisch begründet. Göttingen, 1860 — 61. Drei Bände — 1010 Seiten. (M. 16—   Fr. 20—)

Pathologie der Bevölkerung. Berlin, 1879. Vergriffen.

Die Erblichkeit der Gebrechen des Menschen und die Verhütung der Gebrechlichkeit. Neuwied, 1883. Ein Band 246 Seiten. M. 5.—   Fr. 6. 25 Ct.

Die Verhütung von Krankheiten des Leibes und der Seele bei dem Einzelnen und der Gesellschaft. Jena, 1882. Ein Band — 478 Seiten. M. 10—   Fr.12,50.

Ueber Unsittlichkeit. Neuwied, 1866. Ein Band — 260 Seiten. M. 3.—   Fr. 3 75 Ct.

Menschliches Elend. Löbau in Westpreussen, 1879 — 98 Seiten M. 1,50 — Fr. 1,88.

Arbeit und Lebensnoth aus dem Gesichtspuncte der Gesundheitspflege und des Humanismus betrachtet. Berlin, 1881. — Ein Band. — 474 Seiten, M. 8—
Medicinische Abhandlungen. Würzburg, 1870—1874. Zwei Bände. — 806 Seiten M. 11— — Fr. 13,75.
Zur Staats-Gesundheitspflege. Leipzig, 1861. Ein Bändchen. — M. 2—
Studien über die Feiertage. Nordhausen, 1874. Ein Bändchen — 86 Seiten M. 2,40
Studien zur Aetiologie der Nervosität bei den Frauen. Zweite Auflage, Neuwied 1877. Ein Bändchen — 154 Seiten M 3 — Fr. 3,75
Die Kirche der Menschheit. Neuwied, 1873. Ein Bändchen — M 2, 40 Pf
Der Staat der Zukunft. Leipzig, 1879, Ein Bändchen. — 72 Seiten, M 1 80 Pf,
Volks-Gesundheitspflege. Zweite Auflage, Coburg, 1866 Ein Band — M 5—
Grundriss der Hygieine. Würzburg, 1873. Ein Band 272 Seiten M 5—
Gelehrte, Literaten, gleichwie gelehrte Geschäftsleute Unter der Presse.
Social-medicinische Aufsätze. Ein Band 270 Seiten M 5—
Rath und erste Hülfe bei plötzlichen Erkrankungen und Unglücksfällen, Erste und zweite Auflage. Berlin, 1881 und 1882 Ein Bändchen
Der Militär-Arzt, mit dem, was darum und daran ist. Essen, 1883. Ein Bändchen, M 1,50

(Uebersetzt wurden die angeführten Schriften in das Portugiesische, Spanische, Italienische, Niederländische, Polnische, Serbische etc.)

Aufsätze in Athenaeum Jena, 1875—76, Journal d'hygiène Paris, L'Igea Mailand, Virchow's Archiv Berlin, Wochenblatt der Gesellschaft der Aerzte Wien, Unsere Zeit, Leipzig, etc etc

Das Leben des Verfassers ist beschrieben in: C von Wurzbach, „Biographisches Lexikon" Tom XXV Wien, 1873 pag 145 bis 149 — Polnische Uebersetzung der „Studien über die Frauen" Warschau, 1878; Stanislaus Krzeminski, Nachricht über Leben und Werke von Dr Eduard Reich — „Der Deutsche" Von Carl Goedel Sondershausen, 1874 Nr 99 bis 102 „Medicinische Abhandlungen" Tom II. Vorwort — G. Rathgeber, „Grossgriechenland und Pythagoras", Gotha, 1865

Keine dieser theils sehr ausführlichen, theils kurzen Biographieen reicht über das Jahr 1877 hinaus; die in Wurzbach's Lexikon nur bis 1867 Alle beschäftigen sich mehr mit allgemeinen und äusserlichen, als mit besonderen und wesentlichen Dingen, und sind darum lückenhaft

Das Bildniss des Verfassers erschien in der Artistischen Anstalt von F. Brandt zu Flensburg. Preis: — 80 Pf, M 1, 60 Pf, M 3.

Weltanschauung und Menschenleben,

Religion, Sittlichkeit und Sprache.

Betrachtungen
über die Philosophie J. Frohschammer's.

Von

Eduard Reich.

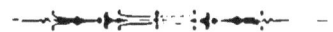

Grossenhain und Leipzig.
Verlag von Baumert & Ronge.
1884.

Inhalt.

	§
Einleitung	1
Bewegendes und Bewegtes	1
Die Weltweisen	1
Unsere Organisation	1
Das Verfahren der Philosophen	2
Die echten Philosophen	2
Geistiges Leben	3
Kaufmännische Weltweise	3
Wahre Humanität	3
Weltanschauung	4
Steckenpferde d. Maassgebenden	4
Besorger des Menschenwohls	4
Praktische Bedeutung der Philosophie	4
J. Frohschammer's „Phantasie"	5
Betrachtung der Phantasie	6
Princip des Weltprocesses	7
Gottheit, Weltseele, Urkraft	8
Monismus, Dualismus	9
Aether, u. s. w.	10
Die Phantasie und das Einzelwesen, die Gesellschaft, die Nation, die Menschheit	11
Ursache der Entwickelung und Vervollkommenung	11
Geschichte und Phantasie	12
Weltphantasie, Weltseele	12
Allmälige Entwickelung	13
Verstand und Instinct	14
Instinct	15
Bewusstes Seelenleben	16
Phantasie und Thierwelt	17
Familienleben	18
Gesellschaftsleben	19
Geistige Beweggründe	20
Leib und Seele	20
Die Religion und das tägliche Leben	21
Anfang der Religion	21
Liebe und Tugend	22
Thierwelt und Religion	23
Wesen der Religion	24
Tantum-quantum. Lohngesetz	24
Religion und Gesittung	25
Philosophie und Religion	26
Ideale Anlage	27
Religion der Zukunft	27
Gewissen	28
Gottesglaube	28
Gefühle und Ideen	29
Logik	29
Liebe	30
Ehrfurcht, Sympathie	30
Tugend und Sittlichkeit an sich und im Leben	31
Tugend und Sittlichkeit	31
Aberglaube, Wieviel-Soviel	31
Begriff v. Tugend u. Sittlichkeit	32
Ursprung der Sittlichkeit	33
Ehe und Familie	34
Moralität und Selbstsucht	34
Altruismus	35
Individuum und Gattung	36
Mann und Weib	36
Tugend	37
Das Gute, die Pflicht	38
Erkenntniss und Gemüth	39
Gewissen und Gesittung	40
Ueber Sprache, Denken und Phantasie	41
Denken	41
Denken in Bildern und Worten	42
Entwickelung der Sprache	43
Sprache, Phantasie und Denken	44, 45, 46
Sprache und Seele	47
Gesittung u. logisches Denken	47
Wirkungen der Sprache	48
Logik des Denkens u. Fühlens	49
Organ, nervöses, der Sprache	50
Schluss	51
Weltprincip. Seele	51
Das normale Leben und Zusammenleben	52
Wissenschaftliche Belege (S. 64.)	

Weltanschauung und Menschenleben.

Einleitung.

§ 1.

Bei aller philosophischen Betrachtung der Welt und der auf Erden befindlichen Organismen kommt es zuletzt immer auf die letzte Ursache der Dinge hinaus, auf das Bewegende, auf das Gestaltende. Aus dem Bewegten und Gestalteten schliessen wir mit Nothwendigkeit auf das Bewegende und Gestaltende. Da wir aber von diesem activen Sein gar keine Vorstellung uns machen können, versuchen wir es, dessen Wirkung durch ein Sinnbild auszudrücken, und geben diesem letzteren einen Namen.

Weil nun jeder Weltweise anders organisirt, eine andere Individualität ist, darum giebt jeder der letzten Ursache des Lebens, der Bewegung und Gestaltung einen andern Namen und stellt unter diesem irgend etwas sich vor oder auch nichts sich vor; unter gar keiner Bedingung aber das Wesentliche, weil dieses überhaupt gar nicht vorstellbar ist. Aller Streit der Gelehrten, der Weltweisen muss nothwendig endlos sein, weil selbst ein echt chinesisches System der Regierung es nicht vermöchte, allgemeine Gleichheit der Gehirne, Menschen und Seelen zu erzeugen, und solche Gleichheit doch absolut erforderlich wäre, um einen und denselben Namen, ein und dasselbe Sinnbild zu ausschliesslicher Herrschaft gelangen zu lassen.

Unsere Organisation gestattet uns, blos materielle Dinge wahrzunehmen; für alles, was ausserhalb der Materie liegt, fehlt es uns an organischen Hülfsmitteln zur Aufnahme, also zur Wahrnehmung. Die Materie aber ist das Bewegte; das Bewegende liegt ausserhalb derselben. Die Materie ist das Gestaltete; das Gestaltende liegt ausserhalb derselben. Das Bewegende, das Gestaltende ist das Geistige, in weiterer Folge das Göttliche. Ich halte die Materie für eine Verdichtung des Aethers, welcher das Universum erfüllt, und den Aether für das Bewegende, Gestaltende. Aether! Ein Name! Eine Vorstellung, und wieder keine Vorstellung! Steht das Geistige, das Göttliche, das Ewige hinter dem Aether, oder fällt es damit zusammen? Wer weiss dies; wer kann es wissen?

§ 2.

Vor dem Auge der Geschichte gesitteter Menschheit entrollen sich die Bilder des geistigen Schaffens und Ringens und Strebens des neunzehnten Jahrhunderts. Es erscheinen da viele Weltweise mit ihren Systemen und Lehrmeinungen, reifen und nicht reifen Früchten, Eigenheiten und Sonderbarkeiten. Jeder befleissigt sich einer andern Sprache, um das zu enthüllen, was er nicht weiss, und das unverständlich zu machen, was er zu wissen glaubt oder wirklich weiss. Jeder fordert von der Welt, die von ihm erfundene Sprache zu studiren, und jeder, der die geheimnissvolle Redeweise studirt, muss die Erfahrung machen, dass davon der Berg Sesam nicht nur nicht sich öffne, sondern immer vollkommener sich verschliesse, und kein Hund hinter dem Ofen sich hervorlocken lasse, selbst dann nicht, wenn er Phylax heisst.

Nur sehr wenige von den Weltweisen führen eine mehr naturgemässe, offene Sprache, schachteln ihre klaren oder dunklen Gedanken nicht in Systeme ein, und streben ehrlich nach Erkenntniss, soweit solche überhaupt möglich ist. Die grosse Mehrzahl der Philosophen geht, ohne es zu wollen, der Erkenntniss aus dem Wege, und verhält sich der Menschheit gegenüber so, wie das Irrlicht dem Wanderer gegenüber.

Wer sind aber jene guten und echten Weltweisen? Oft genug werden dieselben Zeit ihres Lebens von den grossen Marktschreiern verdrängt, sorgfältig zugedeckt, von dem bezahlten und nicht besoldeten Anhang der langen, breiten und dicken Eintagsfliegen todtgeschwiegen, oder verspottet, verhöhnt, verketzert. Erst nach ihrem Ableben gelangen sie meist zur Geltung; denn der Tod scheidet Ballast von Goldkörnern und Diamanten, und reisst den Ballast auf den Grund des Meeres ewiger Vergessenheit.

Selten nur dringt der wahre Philosoph bei Lebzeiten durch; wenn dies der Fall ist, zeigt immer ein äusserer günstiger Zufall sich als Veranlassung.

§ 3.

Man ist berechtigt, das Leben auch der vorwiegend geistig arbeitenden Menschen als eine Art von Markt aufzufassen, oder doch mit solchem zu vergleichen. Auf dem Markte giebt es Geschrei, Angebot und Nachfrage. Wenig Nachfrage und viel Angebot, bedeutet entsetzliche Aufregung der Producenten, erbitterten Kampf derselben gegen einander. Im Gemeinwesen des Wieviel-Soviel wird alles, auch die höchste Geistigkeit und edelste Menschlichkeit, barbarisch auf den Markt getrieben, in das Kreuzfeuer von Angebot und Nachfrage gestellt.

Es giebt Weltweise mit kaufmännischem Instinct oder ganz besonders kaufmännischer Bildung, welche solchen Witz begreifen. In Folge dieses für sie glückbringenden Verständnisses, werben sie Handlungs-Reisende und Markt-Helfer an, welche die Früchte der Musse auf dem Markte anpreisen, ausbieten und ausposaunen. Weil nun der gewöhnliche Mensch nur das für vortrefflich hält, was auf das Unverschämteste gelobt wird, greift er auch nach den am meisten gepriesenen Waaren des Marktes und hält dabei alles für unbedeutend, schlecht, erbärmlich, was bescheiden ist, zurückhaltend auftritt, das Hauptgewicht auf den Kern legt und die Schale blos als etwas Nebensächliches betrachtet.

Aus allen den bisher angeführten Gründen kommt

wahre Humanität nur in wenigen Fällen zur allgemeinen Geltung, und müssen die guten Weltweisen oft genug Zeit ihres Lebens verkannt, verläumdet, ja nicht selten verachtet und kümmerlich ihre Tage verbringen, nur Trost schöpfend aus dem ewigen Borne der Erkenntniss und ihres reinen Gewissens.

Es hat dies alles grosse Nachtheile für die höchsten Interessen der Menschheit, für die wahre Gesittung; denn der Stand dieser letzteren ist unabhängig von dem Stande und Wohlergehen, Lebensglück und Lebensmuth ihrer Förderer und Träger.

§ 4.

Alle Erkenntnisse, welche wir durch geistige Verarbeitung der durch die Wissenschaft und gewöhnliche Beobachtung erlangte Thatsachen gewinnen, leitet uns zu dem, was man Weltanschauung nennt. Und diese letztere nimmt den grössten Einfluss auf die Art und Weise des Lebens und Zusammenlebens der Menschen. Aber, aus dem Zusammenleben der Menschen geht wieder, gleichsam als Reflex, eine Weltanschauung hervor, die bestimmend wirkt auf das sittliche Thun und Lassen. Der wirkliche Weise muss beide Anschauungen gewinnen und zu einem organischen Ganzen verschmelzen; aus dieser Harmonie erst geht alle Erkenntnis hervor und jede Anwendung des Erkannten zu dem Behufe der Förderung des Menschenwohls.

Weil nun bei einer nicht unbedeutenden Zahl von Weltweisen die Philosophie nicht aus allen Quellen der Wissenschaft und des Lebens fliesst, darum leidet dieselbe an dem Gebrechen der Einseitigkeit und bietet der Praxis keine oder nur wenig geniessbare Früchte dar, dem Leben des Alltags Steine, anstatt nährenden und erquickenden Brodes. Darum auch ist eine so bedeutende Kluft zwischen den einzelnen Gruppen denkender Menschen in Bezug auf Weltanschauung und sittliche Grundsätze.

Jeder Staatsmann, jeder von den Tonangebern in

der Gesellschaft reitet auf einem ganz besonderen Steckenpferd, welches von dem Geiste irgend welcher Philosophie oder Philosophasterei beseelt oder besessen ist. Und von den Arbeiten der Staatsmänner und von der Wirksamkeit der Tonangeber in der Gesellschaft ist das Wohl und Wehe der Menschheit abhängig. Aber, der Einfluss von Weltanschauung und Philosophie erstreckt sich weiter.

Ein grosser Theil der menschlichen Wohlfahrt ist den Seelsorgern, Erziehern, Aerzten und Richtern anheimgegeben. Saugen nun diese Berufsgenossen eine verderbliche Philosophie ein, machen sie eine irrige Weltanschauung sich zu eigen, so wirkt dies unbedingt nachtheilig auf deren eigentliche Berufsarbeit und auf deren Beziehung zu der ganzen bürgerlichen Gesellschaft.

Hieraus wird die unermessliche praktische Bedeutung der Philosophie klar, und es wird begreiflich, dass auch der unmittelbare Einfluss einer volksthümlich gemachten Weltweisheit auf die Gebildeten und das Volk ein höchst beträchtlicher sein werde. Es kommt daher ganz ausserordentlich darauf an, für eine Philosophie zu arbeiten, welche aus allen Quellen der Erkenntniss fliesst und in jeder Weise Anwendung gestattet zu dem Behufe der Veredelung der Menschheit.

§ 5.

J. Frohschammer[1]) versteht unter dem Ausdruck Phantasie nicht blos die einbildende Kraft der Seele, sondern die bildende Kraft der Natur überhaupt, das Bewegende und Gestaltende in der Geschichte der Menschheit. Genau und wesentlich genommen, ist nach dieser Auffassung Phantasie so ziemlich gleich bedeutend mit Seele und Weltseele, mit activem Aether und Weltäther, mit Bewegendem, Bildendem, Gestaltendem in dem beseelten und bewussten Organismus und im Universum. Wir wollen hier das höchst beachtenswerthe System Frohschammer's mit Sorgfalt prüfen und die Fragen, die brennenden Fragen des menschlichen Daseins damit in Beziehung stellen.

„Zunächst," sagt Frohschammer, „ist offenbar die Phantasie in ihrer Schaffenspotenz ein synthetisches, einheitlich gestaltendes Vermögen und Wirken; denn es werden durch dieselbe aus verschiedenen Theilen Einheiten, oder Einheiten mit verschiedenen Theilen oder Momenten gebildet mit bestimmter Form, Umgrenzung u. s. w., wobei allerdings eigentlich von psychischer Einheit (der thätigen Potenz) ausgegangen wird, um ein synthetisches Gebilde zu Stande zu bringen. Ein Gebilde, das zugleich Thesis (eigentliche Setzung) ist und unbewusst auch die Antithese des Verschiedenen, aus dem die mittelst des geeinigten Vielen, also in der Einheit der That, nämlich des synthetischen Gebildes zeigt. Eben damit schliesst aber die Phantasie zugleich die Möglichkeit des analytischen Verfahrens, der Analysis in sich, gegenüber den synthetischen Gebilden."

Und weiter: „Wenn die Phantasie ihre Gebilde schafft für das Bewusstsein, so hat sie stets Zeit und Raum mitzuschaffen, für das Bewusstsein nämlich, weil ihre Gebilde wenigstens die Form von Raum und Zeit haben und der psychische Stoff zur Gestaltung formal-räumlich oder auch zugleich zeitlich sein muss. Bei vielen Bethätigungen der Phantasie oder Einbildungskraft muss ausser den räumlich-zeitlichen Gebilden auch noch gleichsam ein Ueberschuss an Raum und Zeit mitgeschaffen werden, um die räumlich-zeitlichen Gebilde aus Natur- und Geschichte nach ihren räumlichen und zeitlichen Verhältnissen, ihren grösseren oder geringeren Entfernungen von einander in Raum oder Zeit, ihrer Grösse, ihrer Dauer nach u. s. w. richtig hinein zu versetzen, und im Bewusstsein anschaulich oder vorstellig zu machen."

Endlich bemerkt Frohschammer: . . . „aus dem Geiste, dem intellectuellen Princip heraus wird bei der Phantasie-Thätigkeit ein sinnliches Bild geschaffen oder nachgebildet (producirt oder reproducirt)". . . „Die Bilder der Phantasie oder Einbildungskraft kommen wie aus einem Gebiet des Unbewussten in das Bewusstsein, sei es unwillkürlich oder mit Absicht hervorgerufen, verschwinden dann auch wieder wie in ein Gebiet des Unbewusstseins, und durch sie wird demnach ein beständiger Wechselverkehr zwischen dem Unbewussten und dem Bewussten vermittelt. Zugleich besteht jede bildliche innere Schauung oder Vorstellung aus zwei Momenten, dem Sinnlichen oder Unbewussten, und dem Geistigen oder dem Momente des Bewusstseins, durch welches die Vorstellung eben in der bewussten subjectiven Seele wurzelt. Jede Vorstellung oder Phantasie-Gestaltung gleicht daher selbst wieder der menschlichen Natur, insofern sie sich constituirt aus Leib und Seele, da dem Leibe das sinnliche Moment, dem Geiste das geistige, bewusste Moment der einzelnen Vorstellung entspricht. Das ganze geistige Leben baut sich daher selbst wieder auf aus lauter solchen mehr oder weniger sinnlich-geistigen oder geistig-sinnlichen Elementen, wie der leibliche Organismus aus den lebendigen Zellen sich constituirt."

§ 6.

Aus dem Angeführten geht deutlich hervor, was Frohschammer eigentlich unter Phantasie begreift. Im engeren Sinne versteht er darunter eine Eigenschaft, eine Fähigkeit der Seele. Aber, seine Entwickelungen leiten auch dazu, die von ihm angenommene Hypothese der Phantasie für die Seele ganz eigentlich selbst zu halten. Die Seele selbst ist analytisch und synthetisch zugleich; das, was man im gemeinen Sprachgebrauch Phantasie nennt, als die eigentlichste und engere Einbildungskraft, kann nur allein synthetisch sein.

Alles, was nach den Normen lebendiger Organisation seine Thätigkeit vollführt, arbeitet oder functionirt einheitlich. Die Phantasie, in welchem Verstande man dieselbe auffassen möge, functionirt einheitlich. Nimmt man an, dass deren Gebilde aus dem Unbewussten des Geistes in das Bewusste gelangen, und glaubt man, dass diese beiden letzteren an bestimmte Organe des

Gehirns gebunden sind, so begreift man, dass die Thätigkeiten, welche die Gesammtheit dessen ausmachen, was man unter dem Ausdruck Phantasie begreift, in einer grösseren Zahl von Gehirnorganen spielen. Weil nun Erkenntniss und Gemüth an bestimmte Theile des Gehirns gebunden sind und einerseits Nährer, andererseits Correctoren der Phantasie ausmachen, darum giebt es keine Anhaltspuncte dafür, diese letztere mit der Seele gleich bedeutend anzunehmen; allein als Function von Seele und Gehirn lässt dieselbe sich auffassen.

§ 7.

Auffallende Analogie offenbart sich uns bei genauer Betrachtung des Bildens im Organismus und in der Natur überhaupt; man wird versucht, aller Bildung eine gemeinsame Ursache zu Grunde zu legen. Dies geschah von den ältesten Zeiten an, bis zu dem heutigen Tage; dies geschah bereits von jenen Individuen, die zu der ersten Stufe eines grösseren geistigen Horizonts empor kletterten.

In neuester Zeit ist J. Frohschammer[2]) mit einem, und zwar mit einem ziemlich glücklichen Versuche dieser Art hervorgetreten. „Soll", sagt dieser Gelehrte, „eine einheitliche philosophische Weltauffassung gewonnen werden, so muss ein allgemeines Princip des Weltprocesses gefunden und daraus das Allgemeine wie Besondere erklärt oder abgeleitet werden. Dieses Princip muss einheitlich sein, zugleich aber auch schöpferische Macht oder Fruchtbarkeit besitzen, um die Vielheit der Dinge, insbesondere der individuellen Wesen, möglich und begreiflich zu machen. Es müssen sich daraus die äussern wie die innern Gestaltungen des Daseins, die äussern Formen und organischen Gliederungen, welche die Einzelnen zeigen und die innern psychischen Kräfte und Bethätigungen erklären lassen, ohne dass es nothwendig ist, noch ein besonderes neues Princip zu diesem Behufe anzunehmen, wie der Dualismus zu thun pflegt. Die plastischen Formen der Dinge, die teleologischen

Anordnungen und die seelischen Thätigkeiten sollen als Werk und Offenbarung ein und derselben Grundkraft aufgefasst werden, wodurch zugleich das im Grenzgebiete zwischen Philosophie und Naturwissenschaft viel erörterte Problem der Entstehung des Organischen und der Empfindungsfähigkeit eine Lösung erhalten kann."

„In der That", entwickelt Frohschammer weiter, „zeigt sich ja in der Natur ein analoges, objectives, reales Gestalten, ein teleologisches Wirken und mannigfaltiges Produciren verschiedenster Arten von organischen und lebendigen Wesen, so dass wohl der Gedanke nahe gelegt ist, dass in der Natur objectiv und real eine ähnliche Macht in diesen unendlichen und verschiedenartigen Productionen sich bethätigt, wie im Menschengeiste subjectiv und formal die Phantasie unaufhörlich und mannigfaltig wirksam sich erweist. Dies um so mehr, da der Menschengeist selbst mit eben dieser eigenthümlichen Fähigkeit des willkürlichen und unerschöpflichen inneren Gestaltens aus dem objectiven Naturprocess in allmähliger Entwickelung aus dem Unbewusstsein zum Bewusstsein sich herausbildet, während doch die Stoffe und physischen Kräfte sich zur Erklärung der Entstehung des Geistes mit seiner freien Gestaltungskraft unzulänglich erwiesen. Dies deutet darauf hin, dass der Geist aus einer homogenen Macht in der Natur sich entwickelt, die zuvor noch unbestimmter und unbewusst wirkt, in ihm aber zur Bestimmtheit, zum Bewusstsein, Selbstbewusstsein und zu relativer Freiheit sich emporbildet, so dass dann in der Natur, wie in der Menschheit, dasselbe Princip waltet, das wir eben als Weltphantasie bezeichnen."

Betrachten wir dies genauer!

§ 8.

Gottheit, Weltseele, Urkraft, letzte Ursache alles Seins und Weltphantasie scheiden sich blos durch den Klang des Wortes. Ganz unzweifelhaft besteht der nothwendigste Zusammenhang zwischen dem Bewegenden in uns und der Urkraft des Weltalls; aber wir werden wohl niemals Genaueres in diesem Puncte erdenken, ermitteln. Das allgemeine Princip des grossen Weltvorgangs haben die ältesten Weisen mit Nothwendigkeit erschlossen, und bei allen Völkern, die von Nahrung und Zeugung aufwärts blickten zum Lichte der Erkenntniss, bewegt sich die gesammte Philosophie um die Axe der letzten Ursache des Seins, um das bildende und zerstörende Princip, um die letzte Synthese und Analyse. Der Frohschammer'sche Ausdruck Weltphantasie ist gut gewählt, weil plastisch.

Wie auf der Oberfläche eines Planeten organisirte Wesen sich entwickeln, wie aus den beseelten unbewussten die beseelten bewussten Organismen emporsteigen, wie diese letzteren immer höher sich entwickeln, bis selbe der intensivsten Erkenntniss fähig werden und der vollkommensten Liebe des Nächsten, — werden wir jemals auch nur zu ahnen vermögen, in welcher Weise die letzte Ursache, die schöpfende Kraft die materiellen Bedingungen setzt und mit diesen das grosse Exempel vollführt? Niemals werden wir das Räthsel aller Räthsel zu lösen im Stande sein!

§ 9.

Monismus und Dualismus sind zwei Worte, welche wie alle Ismen höchst beziehungsweise genommen werden müssen. Aller Dualismus löst schliesslich in Monismus sich auf. Und aller Monismus offenbart sich als Dualismus. Dies stelle ich, kurz, in folgender Weise mir vor: Aus der Gottheit ist der Aether des Universums hervorgegangen; derselbe ist eine Manifestation Gottes. Der Aether verdichtet sich zu Materie. Aether und Materie befinden sich ununterbrochen in Wechselwirkung; dies bedeutet alles Leben, alle Entwickelung, allen Wechsel und Wandel der Formen. Die Materie löst wieder in Aether sich auf [3]).

Ohne weiteres wird es klar, dass alles in der Welt einheitlich ist, alle Erscheinungen in einander greifen, nothwendig einander bedingen, das Bewegendes in Bewegtes sich umsetzt, Bewegtes in Bewegendes sich verwandelt, alles auf die Gottheit sich zurückführt, welche gleich bedeutend ist mit Weltseele und **Weltphantasie**, dass endlich alle individuellen Seelen mit der Gottheit (in einer uns grössten Theils noch nicht bekannten Weise) verkehren und wechselwirken.

Alles in der Welt geschieht so regelmässig und nothwendig, dass wir annehmen, es liege dem Ganzen ein Plan zu Grunde. Jeder solche Plan **kann** nur einheitlich sein; denn wäre er zwei- oder mehrheitlich, so könnte von Verwirklichung desselben niemals die Rede sein. Und in diesem Plane kommt es überall zum Ausdruck, das Eines in Zwei sich spaltet und Zwei wieder zu Einem werden: der Dualismus im Monismus, die Welt in Gott.

§ 10.

J. Frohschammer[4]) bemerkt über den Aether unter anderem: „Schon seine Existenz ist hypothetisch gesetzt und ebenso seine Beschaffenheit; dass es vollends einen Seelen-Aether gebe, ist nur eine neue, uncontrolirbare Hypothese; und wiederum Hypothese ist es, dass dieser Seelen-Aether nicht blos ein Substrat für geistige Kraft und Function, sondern zugleich wirksame, bildende Kraft sei, wie die Phantasie, die dann allein von ihr erkennbar wäre, während man vom vermeintlichen Aether an sich nichts erführe". Und weiter bemerkt Frohschammer über seine hypothetische **Phantasie**: „Die Phantasie aber ist als bildende, schaffende Potenz eine göttliche Kraft, kann von der Gottheit selbst nicht losgetrennt werden, wie überhaupt die Schöpfung nicht, insofern sie als Ausdruck der Kraft und Wirksamkeit derselben aufgefasst wird; und auch die rational, gesetzmässig wirkenden mechanischen Kräfte bekunden ja ihre Macht und Wirksamkeit". —

Ich glaube, die Existenz einer Welt- und gewöhnlichen Phantasie ist ebenso hypothetisch gesetzt, wie das Dasein des Universal- und Seelen-Aethers. Dieselben

Gründe, welche zur Aufnahme der einen führen, leiten auch zur Annahme des andern. Dieselbe Ungewissheit in Bezug auf das Verhältniss von Phantasie zur letzten Ursache alles Seins, wie in Bezug auf das Verhältniss des Aethers zur Gottheit!

Es ist ganz bestimmt einerlei, mit welchem Namen wir das Bewegende im Organismus und in der grossen Welt nennen; wir streben immer nach Erklärung des uns Räthselhaften, nach Erkenntniss, und wünschen jederzeit, dass diese Erkenntniss sich in ein angemessenes, gutes Verhältniss zu unserer Wohlfahrt stelle, dieselbe nicht gefährde.

Und für die Wohlfahrt des Einzelnen und auch der ganzen Gesellschaft ist es einerlei, ob das Bewegende oder Gestaltende Aether heisst oder Phantasie, ob man glaubt, dass Gott dahinter oder davor stehe oder damit identisch sei. Wir werden niemals etwas vom Wesen der Gottheit wissen, niemals über die Hypothese der Phantasie, des Aethers u. s. w. hinaus kommen, und immer nur um Namen streiten.

Verfolgen wir die Geschichte der Weltweisheit, der Religion und Gesittung, auf jedem Blatte derselben lesen wir von dem Ringen und Mühen des Menschen, die sogenannten höchsten und letzten Dinge zu erforschen; immer kommt der Geist zur Annahme eines Urgrundes der Welt, immer zur Annahme eines Bewegenden im Organismus, im Universum, und stets, möge er Gott und Seele immateriell auffassen oder materiell, bringt er sein Leben, seine Zustände, sein Alles in Verbindung mit Gottheit und Seele. In welcher Form dies geschieht, ist ganz und gar nebensächlich.

Die Phantasie und das Einzelwesen, die Gesellschaft, die Nation, die Menschheit.

§ 11.

Warum entwickelt, vervollkommnet sich die Menschheit? Warum entwickelt, vervollkommnet sich alles Organische? Wir wissen es nicht und werden es niemals wissen; aber, wir werden immer darnach streben, den Schlüssel des Geheimnisses zu finden.

Ganze Bibliotheken sind zusammen geschrieben worden, zahlreiche Systeme wurden mehr oder weniger kunstvoll erbaut, um beiden Fragen näher zu kommen. Und mit welchem Ergebniss? Eine Hypothese oder ein ganzer Pack von Hypothesen war die Frucht des Mühens. Und es werden, so lange es gesittete Menschen giebt, Annahmen auftauchen und wieder untertauchen. Und von denselben werden nur wenige den Schein der Wahrheit haben und von künftigen Generationen beachtet werden.

§ 12.

Unter den Hypothesen, welche im Laufe der Zeiten aus dem Meere des Sinnens und Denkens auftauchten, verdient die von J. Frohschammer[5]) aufgestellte Beachtung. Dieser Weltweise spricht unter anderem und sucht zu erweisen, dass Entwickelung und Fortschritt des Menschengeschlechts, dass der „geschichtliche Process wesentlich durch die Phantasie als sein eigentliches Princip begonnen und fortgeführt ward. Und zwar durch die subjective individuelle, alle Kräfte des subjectiven Geistes in Erregung und Wirksamkeit setzende Phantasie, — natürlich in vielfacher Wechselwirkung mit der objectiven Phantasie (Lebensprincip) in der individuellen Menschennatur und auch jener, die das gestaltende Princip im Naturprocesse selbst ist". Die Phantasie betrachtet Frohschammer überhaupt als Ursache der Menschengeschichte, und die frei gewordene subjective Phantasie ist ihm ganz besonders der Grund des Entwickelns von Menschengeschlecht zu Menschheit, der Erhebung des Erdensohns über das blosse Naturdasein, über das thierische Leben. —

Ich stelle mir dasjenige, welches man geschichtliches Dasein nennt, keineswegs blos auf die Menschheit beschränkt vor; ich glaube auch nicht an irgend welchen specifischen Unterschied zwischen Natur- und Culturleben. Alle Verschiedenheiten, welche hier in Betrachtung kommen, beziehen sich auf den Grad, nicht die Art. Nennen wir nun das Bewegende und Gestaltende Aether oder Phantasie, so können wir aussprechen, dass aller Fortschritt in der Entwickelung, somit auch die Steigerung des Naturlebens zum Culturleben, des ungeschichtlichen Daseins zum geschichtlichen, auf stetige Zunahme der Wechselwirkung zwischen dem Bewegenden und Bewegten, oder der Seele und dem Leibe, oder dem activen Aether und den Formelementen, oder der Phantasie und der Organisation sich gründe. Weshalb diese Wechselwirkung intensiver wird, werden wir wohl kaum jemals wissen.

Das Bewegende im Organismus hängt mit dem Bewegenden im Universum zusammen: die Seele, der active Aether wird bestimmt von der Gottheit, der Weltseele, dem Universal-Aether, die Phantasie des fühlenden, denkenden, wollenden Wesens von der Weltphantasie. Zu dieser Annahme führt uns dasjenige, was wir die uns angeborene und im Laufe der Bildung entwickelte Logik nennen mögen. Und diese Logik sagt uns, dass Gott oder die Urkraft oder die Weltseele oder die Weltphantasie oder der Welträther oder der grosse Universal-Geist alles hervorbringe, alles zerstöre, was in das Reich der Sinne fällt, selbst aber das Nichthervorbringbare, Nichtzerstörbare sei. In Bezug auf das innere Wesen der Gottheit jedoch lehrt unsere Logik uns wissen, dass wir gar nichts wissen.

§ 13.

Allmählige Entwickelung ist das grosse Grundgesetz der Natur, nach welchem Individuen und Gesammtheiten von Individuen leiblich und seelisch fortschreitend sich gestalten. Das Bewegende (also Seele, Geist, activer Aether, Phantasie) bedarf des Bewegten, und dieses letztere ist der zu materiellen Formen verdichtete, mechanisch und chemisch beschaffene Aether. Im Laufe der Zeit und unter günstigen Bedingungen werden Bewegendes und Bewegtes immer vollkommener. Günstige Bedingungen! Das bedeutet: gute Verhältnisse von Ernährung des Leibes und der Seele. Ohne solche Umstände giebt es keine fortschreitende Entwickelung, sondern Stillstand und Rückschritt. Das, welches nach der Frohschammer'schen Philosophie den Namen der Phantasie trägt, bedarf also, um Einzelwesen und Gesellschaft, Nationen und Menschheit fortschreitend leiblich und seelisch zu entwickeln, günstiger Umstände des gesammten Lebens. Ein sehr tief wurzelnder Instinct treibt jedes Wesen dazu, die günstigsten Verhältnisse für sein Dasein zu erwirken. Dieses Bestreben nimmt von der Seele den Ausgang, kommt aber ohne Bethätigung der Leiblichkeit nicht zum Ausdruck.

„Die psychische Entwickelung der Menschheit", sagt Frohschammer[6]) „fordert nicht minder die Allmählichkeit, das lange Ringen mit den Verhältnissen der Natur und die gegenseitige Anregung zur Bethätigung der eigenen Kräfte, die ja nur durch Thätigkeit sich selbst gewinnen und für höheren Dienst brauchbar werden. In keinem Falle ist es als psychologisch möglich anzuerkennen, dass in geistiger Beziehung ein

Mensch plötzlich, ohne Selbstbethätigung, ausgebildet, geistig vollkommen fertig in's Dasein gesetzt werde. Bezüglich der Willenskraft und Willens-Vollkommenheit ist dies ohnehin selbstverständlich, da die Selbstthätigkeit, die Selbständigkeit und Selbstbewährung, worin die Vollkommenheit des Willens besteht, nicht unmittelbar mitgetheilt oder geschenkt werden kann, sondern werden, das heisst: errungen werden muss, eben durch Bethätigung des Willens selbst. Aber auch die intellectuelle Bildung oder klare Erkenntniss des Selbst und der Welt kann nicht plötzlich dem Geiste eingegossen oder zugleich mit ihm geschaffen werden. Schon die einzelnen sinnlichen Dinge können nur allmählich durch die Sinne nach ihren Formen, Eigenschaften und Wirkungen wahrgenommen werden"...

Und weiter entwickelt Frohschammer: „Angeboren konnte ... dem ursprünglichen Menschenkeime allerdings noch nichts Bestimmtes sein, als das Streben nach der Menschheit selbst, das dem Weltprincip, der Weltphantasie zunächst im Allgemeinen immanent war. Aber dasselbe war durch diese (der realen Möglichkeit nach), so zu sagen in die Gesetzmässigkeit und objective Vernunft des Daseins hinein geboren, um mittelst der subjectiv werdenden Phantasie dieselbe sich allmählig immer mehr anzueignen, in sein eigenes subjectives Wesen als subjective Rationalität und Idealität zu verwandeln und zum rationalen Selbst zu gestalten."

Und endlich: „Der Verstand entsteht ... durch die synthetische Macht der Phantasie, die an sich schon eine Potenz der Verallgemeinerung in sich enthält, welche sich in der Association der Vorstellung zeigt, dann aber die beharrenden Formen und Gesetze dem Lebensprincip, der Seele einbildet und dieser dadurch Abstractions-Fähigkeit, sowie die Macht des selbständigen Urtheilens und Schliessens verleiht, das heisst: der Seele die wesentlichen Eigenschaften des höheren (bewussten) Intellects vermittelt. Das rationale Wesen des Daseins ist dadurch im menschlichen Geiste oder vielmehr als menschlicher Geist concret und lebendig geworden uud kann sich hinwiederum im Denken zur Allgemeinheit erschliessen. Ebenso verhält es sich mit dem Willen. Auch er ist nicht ursprünglich, sondern abgeleitet und allmählig geworden, durch das Stadium des Trieblebens und blossen Begehrens hindurch gehend, bis die complicirte Bewegungsmacht nicht mehr durch blos wirkende (treibende) Ursachen bestimmt wird, sondern durch Zwecke oder Vorstellungen. Es geht also diese Seelenfähigkeit hauptsächlich aus dem teleologischen Moment des Lebensprincips, der Phantasie hervor, wie der Verstand vorherrschend aus der synthetischen, bildenden Macht derselben sich ausbildete und den Instinct zum Durchgangs-Stadium hatte". —

§ 14.

Verstand und Instinct laufen immer einander parallel; woselbst bewusstes Leben ist, sind Verstand und Instinct gleichzeitig gegeben. Es ist demgemäss nicht zutreffend, Instinct als Vorläufer des bewussten Erkennens zu betrachten, sondern, auf Grund von Beobachtung und Erfahrung, nur allein richtig, anzunehmen, dass bewusstes ebenso wie unbewusstes Geistesleben für jeden thierischen Organismus ohne Ausnahme gleich unentbehrlich seien. Beide sind gleichzeitig gegeben, zuerst in ihren Anfängen, später in immer vollkommener werdender Entwickelung; keines vermag, das andere zu ersetzen, sondern eines ergänzt das andere unter allen Umständen. Diese Thatsache weist darauf hin, dass das Regiment unseres Organismus ein vorsorgliches ist, ein patriarchalisches. Und nennen wir den Regenten Phantasie, so sagen wir, dass dieselbe nicht blos gestaltend, sondern auch erhaltend wirkt, und selbst in allen Thätigkeiten von einfachen Zuständen zu immer vollkommneren sich heranbildet.

Das Bewegende im Organismus, der active Aether, die Phantasie des Frohschammer'schen Systems, die Seele, äussert sich mit Hülfe einer Gruppe von Gehirn-Organen, und überhaupt Nervenorganen, als Verstand, mit Hülfe einer andern als Instinct, mit Hülfe einer dritten als Gemüth, durch eine vierte Gruppe als Wille: es ist und bleibt immer ein und dasselbe Princip, welches zu seinen verschiedenen Aeusserungen verschiedener Organe bedarf. Jede dieser Aeusserungen entsteht, indem das Princip verbunden mit den Einflüssen der Aussenwelt alle diese Organe entwickelt. Die Einflüsse der Aussenwelt spielen hierbei eine grossartige Rolle; denn ohne dieselben vermöchte es die Seele nicht, die correspondirenden nervösen Organe zu entwickeln. Je nachdem nun einerseits die Seele wirkt, andererseits die Aussenwelt einfliesst, treten die einen Nervenorgane und Seelenkräfte hervor, die andern zurück, oder entwickeln alle sich harmonisch, oder bleiben alle gleichmässig in ihrer natürlichen Ausbildung zurück.

Hieraus ergiebt sich nun, dass die leiblichen und seelischen Erbschaften, welche ein Individuum seinen Vorgängern verdankt, durch die Aussenwelt bedeutend modificirt, oft gänzlich getilgt, oft in hohem Grade entwickelt werden, und dass die Lehre von den angeborenen Eigenschaften und Fähigkeiten nur dann nicht im Dunkeln tappe, wenn dieselbe auf tausend Verhältnisse Rücksicht nimmt. Jedes Lebewesen bringt Anlage zur Welt; sein Lebensprincip wirkt von vorne herein ähnlich auf die materialen Formelemente (Zellen) ein, wie bei seinen Vorgängern. Aber, nur dann wird das Individuum diesen letzteren ausgesprochenen ähnlich, wenn seine Lebens-Bedingungen denen der Vorfahren ausgesprochen ähnlich sind. Hätte man diesen Punct wohl in das Auge gefasst, so wäre über die sogenannten angeborenen Eigenschaften weniger gestritten und gezankt worden.

§ 15.

Man pflegt, unrichtige Vorstellungen sich zu machen über das geistige Leben der sogenannten Naturvölker und der andern Thiere, und über dasjenige, welches Instinct geheissen wird. Von dem Verhältniss des letzteren zu Verstand u. s. w. habe ich bereits oben einiges angedeutet. Ich bemerke hierzu noch, dass kein thierisches Wesen in anderer Weise, als der Mensch, bewusst wie unbewusst geistig lebt, dass jedes thierische Wesen des Verstandes und der Vernunft ebenso, wie des Gemüthes und Instinctes bedarf, wie der Mensch auch. Wer das Leben der wilden Thiere und der sogenannten Naturvölker betrachtet, findet, wenn er nicht sich selbst absichtlich täuscht, dass alle nach denselben allgemeinen Normen ihre Häuser bauen, ihre Nahrung sich aneignen, ihre Auswahl bei der Begattung treffen, ihre Kinder erziehen, wie der Culturmensch. Wildheit und Gesittung scheiden sich nicht im Wesen, sondern nur in der Idee, in der Abstraction.

Alfred Roussel Wallace[7]) schränkt die Lehre vom Instinct bedeutend ein und lässt bei dem Menschen und den andern Thieren die meisten der ehedem so genannten instinctiven Handlungen aus Nachahmung, Unterweisung der Jüngeren durch die Aelteren u. s. w. hervor gehen; er zeigt „dass die Geistes-Fähigkeiten, welche Vögel bei der Construction ihrer Nester aufweisen, der Art nach dieselben sind, wie jene, welche das Menschengeschlecht bei Aufrichtung seiner Wohnungen bekundet. Es sind dies wesendlich Nachahmungen, und geringe und theilweise Anspannung an neue Verhältnisse ... Ich [Wallace] sage einfach, dass die Erscheinungen, welche die Art des Nestbaues zu Wege bringt, wenn man sie vorurtheilsfrei mit jenen vergleicht, welche die grosse Masse des Menschengeschlechts beim Baue ihrer Häuser darbietet, auf keinen wesentlichen Unterschied in der Art oder der Natur der angewandten Geistes-Fähigkeiten schliessen lassen. Wenn Instinct überhaupt etwas bedeutet, so bedeutet es die Fähigkeit, einen zusammen gesetzten Act ohne Unterweisung oder Erfahrung zu verrichten."

Es steht ausser allem Zweifel, dass das Reich des Instinctes in der Thierwelt bei weitem weniger Raum einnimmt, als gewöhnlich geglaubt wird, und wieder bei dem Menschen der Civilisation grössere Bedeutung für sich in Anspruch nimmt, als gemeiniglich zugestanden zu werden pflegt. Alle thierischen Wesen haben Instinct; alle nähren sich und zeugen, bauen ihre Nester und verkehren mit der Aussenwelt durch bewusstes Geistesleben, durch Gemüth und Instinct; der letztere ist das unbewusste Seelenleben, welches mit Hülfe der Gehirn-Organe, welche der Herrschaft des Bewusstseins entrückt sind, die Aufgabe des Denkens, des Fühlens, des Erkennens vollbringt, und die Ergebnisse dem Bewusstsein, dem Willen überantwortet.

§ 16.

Bewusstes Seelenleben und Instinct bleiben unter allen Umständen bei allen Wesen thierischer Art in gleichem gegenseitigen Verhältniss; was sich vermindert, wenn man von den grössten Weisen der civilisirten Menschenarten hinabsteigt zu den einfacheren thierischen Organisationen, ist der geistige Gesichtskreis. Kommt man bei den niedrigsten, einfachsten animalischen Wesen an, so schliesst man, dass der Horizont des Seelendaseins der kleinste ist. Ich glaube, auf diese einfache Wahrheit lässt alles sich zurückführen, was jemals über das bewusste wie unbewusste Seelenleben der Thiere gesprochen wurde. Wenn die Seele, der active Aether, die Phantasie in Frohschammer's Auffassung, fortschreitend sich entwickelt und des Leibes Formelemente immer vollkommener gestaltet, kann sie unmöglich bis zum Menschen hin blos als Instinct walten und von da ab blos als bewusstes Geistesleben; denn dies wäre die eigentlichste Unterbindung der Wurzeln alles körperlichen, geistigen und gesellschaftlichen Dasein, die Unmöglichkeit in bester Form.

J. Frohschammer[8]) bemerkt unter Anderem: „Man könnte geneigt sein, extra stärkere Empfindungs-Fähigkeit, höheres Bewusstsein, stärkere Willenskraft, intensiveres Gedächtniss oder insbesondere höheren Verstand als Ursachen zu betrachten, die dem Menschengeschlechte ermöglichten, die Stufe des untermenschlichen Daseins zu überschreiten und das geschichtliche, geistige

Leben zu beginnen. Allein all' diese psychischen Fähigkeiten sind keine ursprünglichen, sondern selbst abgeleitete und in ihrer Vollkommenheit selbst bedingter Art. Sie sind bei den Thieren noch in unvollkommenem, gebundenem Zustand, und es ist eben die Frage, wodurch, durch welche psychische Potenz, sie frei und damit höherer Thätigkeit fähig geworden sind, so dass sie nun unter ganz gleichen Verhältnissen der Natur, bei den nämlichen Einwirkungen in anderer, freierer Weise sich kund geben und bethätigen, als bei den Thieren. Die psychische Potenz, welche diese Befreiung und Erhöhung aller lebendigen oder psychischen Kräfte aus der Natur-Gebundenheit soll erwirken können, muss selbst natürlich frei sein oder ein Moment der Freiheit in sich haben; sie muss selbständig sein in dieser freien Wirksamkeit, nicht von anderem dazu erst Befähigung oder Anlass, etwa durch Bewusstsein, Erkenntniss oder Willenskraft, bedürfen, und muss unmittelbar auf alle andern, noch gebundenen psychischen Kräfte wirken können. All' diese Eigenschaften nun besitzt jene Seelenkraft, die wir als subjective Phantasie bezeichnen. Sie ist ursprünglich, insofern sie direct aus dem allgemeinen Weltprincip, der objectiven, real wirkenden Phantasie stammt, oder diese selbst ist in subjectiver Erscheinung und Thätigkeit, und als die bewirkende und zusammenhaltende Macht für den psychischen Organismus mit seinen differenten psychischen Fähigkeiten sich erweist. Sie hat ferner ein Moment der Freiheit, der Willkür in sich und kann insofern auch den von ihr angeregten oder bestimmten übrigen Seelenkräften eine freiere Thätigkeit ermöglichen und selbe über die instinctive Gebundenheit erheben".

Die Phantasie erscheint hier nicht blos als eine etwas willkürliche, sondern auch etwas eigensinnige Macht.

§ 17.

Was hat die Phantasie der Frohschammer'schen Auffassung nur dabei, dass sie mit den anderen Thieren so stiefmütterlich umgeht und den der Civilisation fähigen Menschen mit Gütern der Erkenntniss u. s. w. überhäuft? Weshalb ist dieselbe bei den Thieren noch in einer Art gebundenen Zustandes, wenigstens nach der Meinung des angezogenen Philosophen? Ich für meinen Theil glaube an diesen gebundenen Zustand nicht, sondern nehme an, die Seele befinde sich bei allen thierischen Wesen ganz und gar in demselben freien und gebundenen Zustand: gebunden durch Organisation und Aussenwelt, relativ frei durch sich selbst und ihren Zusammenhang mit der Gottheit. Die Seele oder der active Aether entwickelt in Verbindung mit der materiellen Form, indem er diese selbst gestaltet, aus einem uns absolut nicht bekannten Grunde sich fortschreitend, erzeugt immer vollkommenere Organisation und gewinnt durch diese immer weitere Gesichtskreise. So vermehrt und vertieft, oder entwickelt und vervollkommnet sich alles Leben der Seele und erreicht in den Vernünftigsten und Sympathischesten der edelsten Rasse seinen Höhepunct.

Ueber die Beschaffenheit des seelischen Princips, welches Fortschritt und Vervollkommnung aller leiblichen und geistigen Organisation bedingt, eine halbwegs entsprechende Vorstellung uns zu machen, gehört in das Bereich der Unmöglichkeit; wir können uns blos denken, dasselbe stehe unmittelbar in Beziehung zur Gottheit und gebe für diese ein Hauptmittel ab zur Verwirklichung des in seinen Beweggründen und Endzielen uns gänzlich unbekannten Weltenplans.

§ 18.

Im Weltenplane liegt es, dass alle organisirten Wesen familiär zusammen leben. Emporklimmend von den einfachsten Pflanzen zu den höchsten Thieren, bemerken wir, dass die Familie immer mehr und mehr intellectuell und moralisch heraus krystallisirt, ganz in demselben Maasse, in welchem die Persönlichkeit, die Gattung, die Art bestimmter sich hervorhebt. Das familiäre Zusammenleben der thierischen Wesen und besonders des Menschen hat mehrere Gründe: Liebe, Gegenseitigkeit, Theilung der Arbeit, Schutz vor äusseren Gefahren, Pflege und Erziehung der Nachkommen, Veredelung der Organisation und Ausbildung der Gesittung. Hieraus geht ohne Schwierigkeit hervor, dass die eigentliche Veranlassung alles Familienlebens von der Seele den Ausgang nimmt und theils bewusst ist, theils unbewusst, den Willen in ihrem Dienste hat und den ganzen Organismus des Einzelwesens beherrscht.

J. **Frohschammer** [9]) hat die Thatsache des Familienlebens mittelst der Phantasie zu erklären gesucht; unter anderem spricht dieser Weltweise also sich aus: „Indem die objective Phantasie durch den Geschlechts-Gegensatz und die Erzeugung sich in die Familie gleichsam erschliesst, ist durch sie die Anstalt gegründet, in welcher sich der menschliche Geist die erste Bildung geben konnte, ja gleichsam ein psychischer Mutterschooss, in welchem sich die psychischen Kräfte von den geringsten Anfängen aus stärken und entwickeln können. Das Familien-Verhältniss ist die Stätte, in welcher gleichsam die psychische Geburt, und also die Wiedergeburt des Menschen stattfindet von Anfang an. Und sie bleibt dies im Laufe der menschlichen Geschichte, insofern immer wieder der in so ganz hülflosen Zustande geborene Mensch nicht sich selbst oder der Natur überlassen werden kann, sondern eben um dieser Hülflosigkeit willen in ein geistiges Gebiet, in das Gebiet liebevoller Sorgfalt, künstlicher Vorsehung, rationeller Einwirkung, aufgenommen werden muss und eben dadurch sogleich nach der Geburt nicht blos körperliche Erhaltung, sondern auch psychische Anregung und Förderung findet. Schon für Bildung des Gemüthes ist das Familien-Verhältniss die ursprüngliche Veranlassung, der geeignetste Impuls. Die Gefühle der Zuneigung, Liebe, Hingebung, dann auch der Ergebung und Ehrfurcht, finden hier ihre Weckung und Bildung .... In dem von der objectiven Phantasie begründeten Verhältniss der Familie wird also zuerst im irdischen Dasein

Existenz und Wesen eines Idealen neben dem blos Realen oder Wirklichen aus der Verborgenheit des Daseins zur Offenbarung gebracht, zuerst gefühlt, dann zum bestimmten Bewusstsein erhoben und für praktisches Verhalten bestimmend. Und so sehr liegt dies in der Natur dieses Verhältnisses, dass selbst [!] in der Thierwelt, insbesondere in der höheren, schon Spuren und Anfänge eines der ethischen Gesinnung und Thätigkeit analogen Verhaltens sich zeigen, insofern insbesondere bei den Alten gegenüber den Jungen schon grosse Zuneigung und Ergebenheit, ja wohl Liebe sich findet". . .

Und weiter: „Das aus der Einheit der objectiven Phantasie oder Generations-Potenz hervorgegangene, in eine Vielheit sich gliedernde Familien-Verhältniss geht durch die subjective Phantasie der Glieder wieder in die Einheit der objectiven Phantasie zurück (oder bleibt auf dieser ruhen), und durch diese steht das ganze Verhältniss in Verbindung und Harmonie mit der allgemeinen Einheit des schaffenden Weltprincips."

Das Familienleben betrachtet Frohschammer als Grundlage der Religion und führt demgemäss diese letztere auf das Walten der Phantasie zurück, der objectiven und der subjectiven. Desgleichen alle Bildung, sei dieselbe intellectuell oder ästhetisch, und die Sprache, die Weltauffassung und die praktische Thätigkeit, die Entstehung der Menschenrassen (oder vielmehr Menschen-Arten), Völker, Nationen.

§ 19.

Ausser Zweifel befindet es sich, dass durch das gesellschaftliche Zusammenleben der fühlenden, denkenden und wollenden Wesen, denen das Leben der Familie unter allen Umständen die eigentliche Grundlage abgiebt, sämmtliche Eigenschaften der Seele entwickelt werden. Die Familie ist hierzu die unerlässliche Voraussetzung, die nothwendige Vorbereitung; die Gesellschaft kann als Fortsetzung der Thätigkeit der Familie betrachtet werden. Familie und Gesellschaft haben im ganzen Thierreiche die nämliche Bedeutung, wie bei dem höchst gesitteten Menschen. Bei diesem letzteren ziehen sich die Kreise blos umfangreicher und tiefer; im Wesen aber unterscheidet sich sein Familien- und Gesellschafts-Leben in gar nichts von dem der anderen Thiere.

Es ist logisch durchaus richtig und wird durch Betrachtung der täglich wahrzunehmenden Thatsachen in jedem Augenblick bekräftigt, dass das Familien- und Gesellschafts-Leben, welches mit Anfang des Geschlechts-Unterschiedes eigentlich und seelisch beginnt, als Ausdruck der Wirksamkeit des zu einer höheren Stufe der Entwickelung gelangten bewegenden Princips im Organismus aufgefasst wird. Gleichgültig, ob man das letztere Phantasie, activen Aether oder wie immer nennt, es ist und bleibt immer der letzte Grund alles familiären und gesellschaftlichen Zusammenlebens, gleichwie aller Eigenschaften und Tugenden, welche dasselbe bedingen und erhalten. Das Lebensprincip (mögen wir augenblicklich dieses Ausdrucks uns bedienen) wirkt nicht blos auf die Formelemente der Gewebe, auf die einzelnen Organe und Systeme, sondern auch auf den Organismus im Ganzen, und regelt, bestimmt in erster und wieder in letzter Reihe die Beziehungen der Organismen zu einander, wie selbe durch das familiäre und gesellschaftliche Leben zum Ausdruck kommen.

Weil nun Familie und Gesellschaft eigentlich die Quellen sind, aus denen Religion, Politik und jede Art von Bildung den Ursprung nimmt, und den Boden abgeben für Pflege und Gedeihen von Religion, Politik und Bildung, darum sind auch diese drei als Producte des Lebensprocesses zu betrachten, als Ausdruck der Wirksamkeit des Lebensprincips. Die Frohschammer'sche Auffassung ist also in diesem Puncte ganz richtig.

§ 20.

Die Familie leitet sich auf die Begattung und Fortpflanzung zurück, auf die Vereinigung der beiden Geschlechter. Aber das Familien-Leben ist, wie das

Leben der Gesellschaft, weit davon entfernt, nur auf Beweggründe des instinctiven Seins sich zu gründen: es hat in noch höherem Maasse geistige Beweggründe. Und diese Thatsache ist eine mächtige Stütze unserer Auffassung ebenso, wie der Frohschammer'schen.

Alfred Espinas [10]), ein vorzüglicher Kenner der gesellschaftlichen Beziehungen des Thierreichs, bemerkt unter anderem: „Das, was die Festigkeit der häuslichen Vereinigung bewirkt, ist, um nicht die geschlechtlichen Beziehungen der Eltern in das Auge zu fassen, eine Gesammtheit seelischer Verhältnisse, welche dieselbe vorbereitet, und wieder herstellt, wenn mechanische Ursachen ihren zerstörenden Einfluss geltend machten. Und noch mehr: diese Erscheinungen des psychischen Lebens sind es selbst, welche in den meisten Fällen jene Festigkeit des familiären Zusammensein erwirken; denn ohne dieselbe wäre das letztere dem Zufall und seinen Fügungen preisgegeben."

Alles familiäre und gesellschaftliche Zusammensein der denkenden, fühlenden und wollenden Wesen, also der Thiere überhaupt und, in unserem Falle, des Menschen ganz besonders, beschränkt sich keineswegs auf Nahrung und Zeugung, sowie auf die damit zusammenhängenden Beziehungen, sondern zielt auch ab auf Erkenntniss und Sympathie. Mögen diese beiden in was immer für einem Quantum und gegenseitigem Verhältniss von uns wahrgenommen werden: es begegnen uns dieselben immer und unter allen Umständen im ganzen Thierreich: überall machen sie das Endziel alles Lebens und Wirkens aus, erscheinen uns wieder als Ausgangspunct alles Seins, und als Achse, um welche das ganze Leben kreist.

Weil nun der Kern die Psyche ist, und die absolut unentbehrliche Schale durch den Leib ausgedrückt wird, darum sind auch die wahren Triebfedern und Beweggründe seelischer Art, darum auch führt alles Familien- und Gesellschafts-Leben auf die Seele, den activen Aether, die Phantasie der Frohschammer'schen Auffassung, sich zurück.

Die Religion und das tägliche Leben.

§ 21.

Zusammenleben bewusster, denkender, fühlender, wollender Wesen erzeugt schon auf den untersten Treppen der organischen und seelischen Entwickelung Religion. Und diese möge betrachtet werden als eine Gesammtheit von Normen und Formen, welche das Verhältniss betreffen des Individuums zum letzten Grunde alles Seins, zu sich selbst und zu den bewussten, denkenden, fühlenden und wollenden Wesen seiner eigenen und anderer Art.

Wir sehen den Anfang der Religion zusammenfallen mit dem Beginn der Familie und der Gesellschaft, und wir müssten, könnten wir alle erforderlichen Beobachtungen machen, auch Einzelwesen, welche im wahren Sinne des Wortes für sich allein, abgesondert von ihres Gleichen leben, religiös sich entwickeln sehen. Bei solchen würde nur das Verhältniss sich ausbilden, welches obwaltet zwischen ihrer Seele und der Gottheit.

Zweifellos ist der letzte Grund der Religion psychisch. Aber, weil das Seelische in seiner Ausbildung und Wirksamkeit von dem leiblichen bestimmt wird und von der Gesammtheit der Momente, welche man mit dem Namen der Aussenwelt bezeichnet, darum ist die Religion auch abhängig von der Organisation, von der Nahrung und ganzen Leibespflege, vom Klima und der vorherrschenden Witterung. Der Einfluss des activen Aethers, der Seele, der Phantasie in Frohschammer'scher Auffassung, wird demnach durch zahlreiche Verhältnisse modificirt, und das von der Seele erstrebte Ideal der Religion wird nur ausnahmsweise von einigen höchst entwickelten Persönlichkeiten oberster Rasse erreicht.

§ 22.

Liebe und Tugend machen den rothen Faden jeder Religion aus. Liebe und Tugend sehen wir bei allen Thieren. Der gesittete Mensch hat ausgeprägtere Formen der Religion und des Cultus, als die anderen Wesen, aber nicht das ausschliessliche Privilegium der Religiosität. Liebe und Tugend, also Religiosität, Religion, prakticiren bereits die mikroskopischen Thiere des Wassertropfens. Dies weist auf den Zusammenhang hin von bewusster Seele und Gottheit bei allen bewussten Wesen.

Zu Liebe und Tugend gesellte sich im Familien- und im socialen Leben das Interesse von Einzelnen, die mehr sein wollten, als ihre Mitlebenden, diese beherrschen und zum Theil auch ausnutzen wollten. Dieses Interesse war der Urquell des Autoritäts-Glaubens, des Pfaffenthums, des äusseren Cultus. Dieses Interesse, seiner Natur nach Politik, rechnet mit Liebe und Tugend auf der einen, mit Furcht und Hoffnung auf der andern Seite, und manipulirt in einer Art, dass man zuletzt das eigentliche Wesen der Religion gar nicht mehr innerhalb Kirche und Cultus findet, sondern nur bei jenen Gelegenheiten, welche das Leben des Gemüthes unmittelbar zum Ausdruck bringen, wahrzunehmen vermag.

§ 23.

Aus dem bisherigen geht deutlich hervor, dass **J. Frohschammer** [11]) theilweise nicht im Rechte ist, wenn er ausspricht: „Eine Anlage oder Befähigung zur Religion ist allerdings in der menschlichen Natur anzunehmen als Wurzel oder Keim dazu, während dieselbe in der thierischen Natur fehlt. Ohne sie könnte das Gottes-Bewusstsein und die Religion überhaupt nur als zufällige Einbildung oder als beliebiges Spiel der Phantasie, oder auch als ein künstlich erfundenes Product der Verstandsfähigkeit oder Berechnung aufgespart werden, wie man dies auf einem bereits überwundenen Standpunct früher gethan hat". . . „Die Religion begann vielmehr wie es dem noch unentwickelten Menschengeiste entsprechend war, sicher mit concreten Vorstellungen und Verehrungs-Handlungen, wie solche im Grunde bei der ungebildeten Menge noch jetzt vorherrschen, obwohl auf dem allgemeinen Grunde eines Systems beruhend".

Und weiter: „Es ist die objective Phantasie, welche ein Verhältniss schafft, aus dem nicht blos das ethische Bewusstsein und Leben, sondern auch die Religion, wenn nicht ihren Ursprung, so doch die erste und bedeutendste Anregung ihres Entstehens erhielt: das Geschlechts- und Familien-Verhältniss nämlich . . . Wir haben daher allen Grund zu der Annahme, dass auch ursprünglich das religiöse Bewusstsein des Menschen zum Theil aus dem Geschlechts-Verhältniss, insbesondere aber aus dem Boden der Familie, ihren Hauptinhalt und ihre nähere Bestimmtheit gefunden habe". —

In der Thierwelt giebt es, wie wir zeigten, Religion; denn es giebt Liebe, Zeugung, Familie, Tugend. Bei allen Thieren ist die Religion das Band, welches den Einzelnen mit dem Einzelnen, mit der Familie und diese letztere mit der Gesellschaft verbindet. Die Religion in ihrer eigentlichen und natürlichen Beschaffenheit, ohne Beeinflussung durch die Politik, ohne Vermengung mit Aberglauben und Mystik, ist aus dem ganzen Wesen der Seele emporgewachsen und gehört ebenso zu demselben, wie Gefühl, Gedanke und Wille, Fühlen, Denken und Wollen. Demgemäss ist in der Religion nichts Zufälliges, sondern etwas Nothwendiges, ganz ebenso nothwendig, wie das Leben der Familie und der Gesellschaft.

Je höher die wahre Civilisation sich ausbildet, desto mehr schwindet das aus der Religion, was durch Politik und Pfaffenthum, Unwissenheit und Leidenschaft in dieselbe hinein getragen wurde und den Zustand der halben Barbarei kennzeichnen half. Die Religion der höchst Gesitteten ist die wahre Religion des Herzens, der That: Liebe und Tugend. Diese beiden in ihrer Reinheit und Allgewalt sind das Endziel aller religiösen Entwickelung.

§ 24.

Ueber das Wesen der Religion giebt es nicht blos gute, sondern auch gar manche irrige Vorstellungen; denn nur zu viele Menschen verwechseln Kern und Schale, Substanz und Beiwerk, und Gesichtspuncte höherer Art, welche über die Religionen hinweg zur Religion reichen und über die Völker hinweg zur Menschheit, sind geradezu selten. Auch die Weltweisen gewöhnlichen Schlages befinden sich in den Ketten und Wirrsalen der Bekenntnisse und Kirchen, ohne dessen sich bewusst zu sein, und stehen zu Nationen und allerhand Kategorien, auf welche die wahre Erkenntniss keinen Werth legt.

Geschichte der Religion ist Geschichte der Seele; Wesen der Religion ist Liebe und Tugend. Cultus ist Beiwerk, Kirche ist Form, Priesterthum ist Politik. Letztere ist naturgemäss und nützlich in Gestalt des Seelsorgerthums, naturwidrig und schädlich in Gestalt des Pfaffenthums. Das Pfaffenthum, eine Form der Selbstsucht, bewirkte, dass die Geschichte der Religionen von Blut trieft, nach Feuerbrand und Schwefel riecht, und Pest aushaucht. Das Pfaffenthum, blos das Interesse der Habsucht und Herrschsucht pflegend, verwandelte die Liebe in Hass und die Tugend in Laster. Das Pfaffenthum vernichtete die Religion und schuf Religionen, welche Hass entzünden und Zwietracht säen zwischen den Nationen, anstatt diese letzteren durch die Macht der Liebe zu vereinigen, und erklärte die Tugend als Laster, dieselbe verfolgend, und das Laster als Tugend, dasselbe zum Himmel emporhebend.

Und die Macht, welche das Pfaffenthum in das Leben rief, unterhält und nährt, auf das intensivste der wahren Religion entgegen arbeitet, der Erkenntniss der eigentlichen Natur derselben fast unüberwindliche Hemmnisse in den Weg wirft, somit die **grösste Mehrzahl** der

Menschen über die höchsten und letzten Dinge stets im Dunklen lässt, ist das gesellschaftliche System des Eigennutzes, des Wieviel-Soviel, mit seinem Geld und Lohngesetz. Ohne Geld kein Pfaffenthum, kein Aber- und Wunderglaube mit religiöser Färbung, keine sittliche Pest im Leben der Familie und Gesellschaft, keine Verwirrung und Verdrehung über die eigentliche Natur der Religion!

§ 25.

Wenn wir Geschichte der Religionen setzen, anstatt Geschichte der Religion, so ist der Ausspruch **J. Frohschammer's** [12]) berechtigt, welcher lautet: „Die Geschichte der Religion . . . zeigt uns grossentheils kein erquickliches Bild, ist vielmehr geeignet, uns oft mit Schmerz und Trauer zu erfüllen über all den Wahn und Irrthum, denen die Menschheit preisgegeben war und ist. Indessen finden wir doch, wenigstens bei den Culturvölkern, einen stetigen, wenn auch sehr langsamen Fortschritt von crassem Aberglauben, wüstem Zauberwesen und abgeschmackten, oft auch unsittlichen und grausamen Gebräuchen zu vernünftiger Erkenntniss, edlerem religiösen Cultus und sittlichen, humanen Lebens-Richtungen. Vieles, was früher wesentlich zum religiösen Glauben gehörte und was in der **That auch** wie ein unvermeidliches Durchgangs-Moment erscheint zur Erhebung des Menschengeschlechts über das blosse thierische Naturdasein [!], zum Beginn der intellectuellen und moralischen Bethätigung und zum Bewusstwerden eines Geistigen, gilt jetzt, selbst bei den Rechtgläubigen, nur noch als Aberglaube. Ebenso, was Wesenbestandtheil des Cultus war, wird für nutzloses Thun oder geradezu Thorheit gehalten, und was als heilige Religions-Pflicht erschien, hält man für unsittlich, verbrecherisch, **für Gottes und der Menschen unwürdig**". —

Wie bereits erwähnt wurde, besteht das, was gewöhnlich mit dem Namen der Religion bezeichnet wird, aus Wesentlichem und Ursprünglichem, wie andererseits aus Aeusserlichem und Hineingebrachtem. Je mehr in die Religion hineingebracht wird, desto mehr wird das Eigentliche derselben verhüllt und verdeckt, um schliesslich gar nicht mehr erkannt zu werden. Im Fortschritte geistiger und moralischer Civilisation überwindet der Mensch immer mehr und mehr die Halbbarbarei, den Aberglauben, wird heller, freier, selbständiger, und lernt, seine Leidenschaften der Vernunft, der Sympathie unterordnen. Was in der Religion wesentlich und was eingebracht ist, wird immer mehr erkannt, und schliesslich hat mit dem Menschen die Religion den grossen Läuterungs-Vorgang durchgemacht und ist auf dem Standpuncte ursprünglicher Einfachheit angekommen. Auf diesem Standpuncte befindet sich dieselbe in Uebereinstimmung mit den wahren Bedürfnissen des Menschen als Einzelwesen, Familie und Gesellschaft, und harmonirt mit jener Weltanschauung, welche das Ergebniss der Wirksamkeit naturgemässer Philosophie ausmacht.

Zur Genüge geht aus dem Bisherigen hervor, weshalb das Bild, welches die Geschichte der verschiedenen Religionen und Kirchen uns weist, kein angenehmes sein kann.

§ 26.

Julius Lippert [13]) hat das Verhältniss von Philosophie und Religion geprüft. Dergleichen ist nothwendig, weil Philosophie das erkennende, Religion das fühlende und wollende Leben betrifft und Erkennen, Fühlen und Wollen das Leben der Seele in seiner Gesammtheit ausmachen. Hören wir zunächst die Worte von Lippert: „Die Religion lehnt ohne Zuhülfenahme der Philosophie kein einmal genommenes Element der Vorstellung ab; sie sammelt und erhält vielmehr alle, und sucht auch die, welche aus widersprechenden Vorstellungen gebildet sind, als etwas, was nun einmal Realität gewonnen hat, zu versöhnen und zu vereinigen. Die Philosophie dagegen geht auf eine beständige Ueberprüfung älterer Erkenntnisse und ihrer Grundlagen aus, und die verwirft ganze

Erkenntnissreihen, wenn sich ihr die grundlegende Annahme als unhaltbar erwiesen hat. Ihr Zweck ist so wenig das Zerstören, wie der der Religion; aber thatsächlich zerstört sie vielfach, um zu bauen". —

Hieraus ersieht man deutlich, dass der Process der Philosophie von der Art des erkennenden Lebens der Seele besimmt wird, jener der Religion von der Art des fühlenden Lebens der Seele. Was Religion und Philosophie zusammenhält, ist dasselbe, was Erkenntniss und Gefühl zusammen hält. Und weil der Zusammenhang beider organisch ist, darum können dieselben nur in der Idee von einander getrennt werden, nicht in Wirklichkeit, und darum ist es nothwendig, durch Erziehungs- und Staatskunst ebenso, wie durch Gesundheits-Pflege und sonst mancherlei, die Hemmnisse zu entfernen, welche die Harmonie beider stören.

Mit dem soeben Gesagten soll aber keineswegs ausgesprochen sein, dass die Weltweisheit in irgend einem dienstbaren Verhältniss stehen möge zu der Kirche und den Priestern. Die beiden letzteren und Religion sind keineswegs gleichbedeutend; als Beiwerk und Vermittelung der Religion verhalten sie sich und sind darum nothwendig. Und weil sie Vermittelung zur Aufgabe sich gesetzt haben, darum bedürfen sie auch der Weltweisheit, insofern diese Weltanschauung erstrebt und darbietet. Die wahre Philosophie ist also eine grosse Nahrungsquelle der Religion, aber keineswegs die Sklavin von Kirche und Priestern. Ich glaube, dies ist das eigentliche und naturgemässe Verhältniss der Philosophie zu Religion, Kirche und Geistlichkeit. Jene Weltweisheit, die als Magd der Theologie bezeichnet wird, gehört dem Gebiete der Entartung zu.

§ 27.

In dem Maasse die physische und moralische Persönlichkeit sich vervollkommnet und veredelt, läutert, reinigt und vereinfacht sich auch die Religion. Dasjenige, was man „ideale Anlage der Menschennatur" nennt, kommt nicht dem Menschen allein zu, sondern findet sich in seinen Anfängen schon bei den Anfängen des bewussten Lebens im Thierreich. Und diese ideale Anlage wird immer bedeutender und bestimmter, je höher der Mensch emporsteigt auf den Stufen der Entwickelung seiner gesammten Persönlichkeit.

„Durch die ideale Anlage der Menschennatur", sagt **Frohschammer** [14]), „und deren Entwickelung in Erkenntniss, in Theorie und Praxis, haben daher auch die Religionen ihre Veredelung, ihre Höherbildung zu erfahren. Durch sie ward es möglich, das Gottes-Bewusstsein zu veredeln, indem aus der Vorstellung Gottes allmählig das entfernt ward, was der Idee der Wahrheit, der Güte, der Gerechtigkeit u. s. w. entgegen war. Es ward das Fabelhafte, oft Abgeschmackte verneint, die Willkür, Grausamkeit, Eifersucht u. dgl. als Eigenschaften des Göttlichen zurückgewiesen. Ebenso ward der religiöse Cultus in dem Maasse reiner und edler, als die ideale Anlage des Menschen ausgebildet, die Ideen nach ihrem Inhalt entwickelt wurden. Die abergläubigen Gebräuche, die oft grausamen oder unsittlichen Cultusacte und Opfer wurden verpönt in dem Maasse, als die Idee reiner Sittlichkeit entwickelt und dadurch das sittliche Gewissen gereinigt und erhöht ward. Durch das sittliche Gewissen wurde das religiöse und kirchliche Gewissen theils geradezu überwunden und beseitigt, theils umgestaltet und verbessert, das heisst: es kam immer mehr dahin, dass nichts mehr, als religiöse Pflicht, vorgeschrieben und ausgeübt werden durfte, was dem sittlichen Gewissen widersprach".

Und ferner: „Die Religion der Zukunft wird sich unter dem Einfluss der Ideen gestalten, das Gottes-Bewusstsein und der Cultus wird nirgends in Widerspruch damit stehen dürfen, aber identisch wird Religion und ideale Weltauffassung und Gesinnung eben doch nicht sein können. Ebenso wenig aber wird die bisherige Dogmatik (die kirchlich-christliche mit eingeschlossen) und die bisherige Art und Tendenz des Cultus fortbestehen können neben der modernen Wissenschaft und Civilisation". . . „So entsteht das Bedürfniss, das an sich unfassbare, unbegreifliche, im äusseren Universum nur unbestimmt erscheinende Göttliche durch eine bestimmte Auffassung und menschliche fassbare Gestaltung dem Gemüthe, wie der Vernunft des Menschen näher zu bringen. Die Gestaltung des Göttlichen für die Menschheit, für den Menschengeist, geschieht durch das, was wir als Phantasie bezeichnet haben, durch die subjective, durch Geistes-Entwickelung hoch ausgebildete Phantasie. Dadurch wird das Göttliche zwar nicht seinem Wesen und seinem Ansichsein, aber seiner Bedeutung nach und in seiner Wirksamkeit für die Menschenwelt erfasst und dem Bewusstsein nahe gebracht".

In Betreff einer Religion der Zukunft erkennt Frohschammer an, dass der Begriff der Gottheit, wie solcher heutzusage noch von den Theologen aufgestellt wird, fernerhin nicht mehr vor einer höheren geistigen und moralischen Ausbildung des Menschen Bestand haben könne und werde, und dass das Christenthum von Jesus Christus „enthält in der That das Wesentliche der Religion der Zukunft". „Denn wenn auch die Gottes-Vorstellung, die ihm zu Grunde liegt, theoretisch und angesichts des grossen Weltprocesses nicht vollkommen Genüge thun kann, so ist sie doch praktisch für religiöse Gesinnung und sittliches Verhalten vollständig entsprechend und ausreichend. Im Uebrigen hat in der Religion der Zukunft die Gottes- und Nächstenliebe ebenfalls die höchste, entscheidende Geltung und Bedeutung. Die Gottesliebe aber wird nicht mehr wie in dem sogenannten positiven Christenthum durch vermeintliche Rechtgläubigkeit und Unterwerfung unter eine äusserliche Autorität bethätigt, sondern, wie im ursprünglichen Christenthum selbst auf das Schärfste betont ist, durch thätige Nächstenliebe".

Betrachten wir dies alles genauer!

§ 28.

Gewissen moralischer und religiöser Art ist vollkommen gleich bedeutend, und setzt dem kirchlichen Gewissen dann sich entgegen, wenn die Kirche nicht das Vehikel der Religion des Herzens ist, sondern gemeinen Interessen der Selbstsucht dient. Weil dies nun in der grössten Zahl der Fälle stattfindet und immer stattfinden wird, so lange Wieviel-Soviel, Geld und Lohngesetz die herrschenden Mächte des gesellschaftlichen Lebens sind, wird auch das moralische oder wahrhaft religiöse Gewissen von dem kirchlichen sich unterscheiden. Und die eigentliche Gesittung der Seele wird auf gute Entwickelung des moralischen Gewissens sich gründen; es wird Aufgabe der Erziehung sein, diese letztere nach allen Richtungen hin zu fördern.

Wir brauchen gewissenhafte, gute Menschen; ohne solche ist auch die beste Religion leerer Schall. Nun aber frägt es sich, welche Mittel angewandt werden müssen, um Menschen mit Gewissen, Charakter, Liebe, Tugend, Wohlwollen zu erzielen. Ich [15]) habe hierüber anderwärts umständlich mich verbreitet.

Auf die Frage, ob ein geläuterter Gottesglaube die Ausbildung des moralischen Gewissens fördere, mögen wir antworten, dass dies der Fall sei. Nun aber handelt es sich von der betreffenden Vorstellung Gottes. Jedes Individuum hat eine andere Vorstellung vom Urgrund der Welt, und niemals ist es möglich, Gott zu definiren, weil seine Wesenheit uns ewig unverständlich, unfassbar bleiben wird. Ein geläuterter Gottesglaube wird demnach derjenige sein, welcher frei ist von allen Vorstellungen des Aber- und des Wunderglaubens, jeder weiteren Definition der Kraft der Kräfte sich enthält, und blos in der Gottheit den Urquell alles Seins, den Ausgangspunct alles Erkennens, Fühlens und Wollens erblickt.

Ein solcher Glaube ist nicht blos mit wahrer Weltweisheit verträglich, sondern erweist sich auch als die höchste Stufe, auf der überhaupt alle Philosophie ankommt.

Ein solcher Glaube wird ebenso zur Volks-Panacee, wie zum festen Grunde der Religion aller Erleuchteten.

Wenn Gott der letzte Grund des Universums und der Urquell von Vernunft und Liebe ist, so gestaltet auch das Leben, die Religion, die Kirche, der Cultus sich edler, und dem Fortschritt treten Grenzen und Schranken nicht mehr hemmend entgegen. So lange die Gottheit als potencirter Mensch gedacht wird, mit allen Leidenschaften eines solchen, erfüllt von Rache, Zorn und dem Wahnsinn der Verfolgung, so lange giebt es auch keine Religion der Liebe, keine Hoffnung, das Tantum-quantum aus Gesellschaft, Staat und Kirche zu bannen.

§ 29.

Gefühle und Ideen müssen im Fortschritt wahrer Gesittung gleichmässig und harmonisch sich entwickeln und veredeln, wenn diese letztere ihren Namen verdienen soll. Eine Religion höchst gesitteter Menschen wird demnach aus höchst geläuterten Gefühlen und solchen Ideen erwachsen sein, nicht blos aus Ideen allein; denn das gesellschaftliche und familiäre Zusammenleben der Menschen bewegt sich in dem Medium der Gefühle und Ideen, und beide machen ein organisches Ganzes aus.

Es giebt eine uns angeborene Logik, die, wenn sie normal sich entwickelt, uns zu dem Besitze von Vernunft führt, Vernunft und Sympathie zu höherer Einheit gestaltet. Diese Logik gehört aber keineswegs blos dem Reiche der Gedanken an, sondern ganz ebenso dem der Gefühle. Und weil dem so ist, gelangen wir durch dieselbe schliesslich ebenso zu wahrer Philosophie, wie zu wahrer Religion. Jene ist eine Offenbarung der Seele mehr nach der Seite der Gedanken, diese eine Offenbarung der Seele mehr nach der Seite der Gefühle. Nennt man das gestaltende Sein der Seele Phantasie — auf den Namen kommt ja nichts an —, so ist die Phantasie die Quelle der Philosophie und Moral, der Gedanken und Gefühle, der Wissenschaft und Religion.

Auf die normale Entwickelung dieser Logik wird es vor allem ankommen. Um dieselbe zu ermöglichen, müssen wir den Menschen in naturgemässe Beziehungen seines ganzen leiblichen, sittlichen und gesellschaftlichen Daseins bringen, denselben angemessen pflegen und erziehen. Erst gesundheitsgemäss ausgebildete, wohl entwickelte, correct erzogene Menschen sind von normaler Logik der Gedanken und Gefühle, und im Stande, die Grundsätze reiner Nächstenliebe zu Beweggründen ihres ganzen Lebens und Handelns zu machen und alle Gesittung auf dieser Basis zu erbauen; erst solche Menschen sind dessen fähig, was die höchste eigentliche Gesittung kennzeichnet, der Religion der selbstlosen Liebe.

§ 30.

Liebe ist die Achse, um welche alles naturgemässe und wirklich moralische Leben in der Familie sich drehen soll; Liebe ist die allein zu Beglückung und Beseligung leitende Macht des gesellschaftlichen Lebens und dessen wahre Grundlage; Liebe ist das Endziel jeder wahren Religion der Gesittung.

Nun aber wird speciell von Liebe zu Gott geredet. Was hat es mit dieser für ein Bewandtniss? Gesunde natürliche Logik lässt uns von den Erscheinungen der Welt bewusst ebenso wie unbewusst darauf schliessen, dass eine Gottheit existirt. Da wir aber absolut nicht im Stande sind, mittelst der Gedanken und Gefühle die Gottheit uns vorzustellen, so hat die Liebe zu Gott nicht dieselbe Grundlage, wie die Liebe zu organisirten Wesen, die wir unmittelbar wahrnehmen. Beide Arten von Liebe werden also im Wesen nicht ganz mit einander übereinstimmen; die Liebe zu Gott wird Ehrfurcht, die Liebe zu den Organisationen aber Sympathie sein.

Einerlei, ob Ehrfurcht oder Sympathie, zu Aufrechterhaltung einer wahrhaft sittlichen Ordnung in Familie und Gesellschaft gehört unbedingt die Pflege dessen, was Gottesliebe und Nächstenliebe genannt wird.

Und zwar muss diese Pflege rein praktisch und so beschaffen sein, dass Gottesliebe als Ueberwindung der Selbstsucht zuletzt sich ausdrückt und Nächstenliebe überall und jederzeit durch gute Werke sich offenbart. Auf diese Weise kann keiner verloren gehen und gelangt jeder zu Gesundheit, Tugend, Glückseligkeit, zu Freiheit. Und damit ist die höchste und letzte Aufgabe aller Religion erfüllt.

Tugend und Sittlichkeit an sich und im Leben.

§ 31.

Tugend und Sittlichkeit! Bei dem naturgemäss entwickelten Menschen höchster Civilisation des Geistes und Gemüthes gehören die Begriffe von Tugend und Sittlichkeit zu den festen, unwandelbaren Vorstellungen. Hat der Mensch diese hohe Stufe persönlicher Entwickelung nicht erreicht, so haben die Begriffe von Tugend und Sittlichkeit keineswegs etwas Bestimmtes, sondern schwanken und wechseln je nach Land und Volk, Umständen und Perioden. Im Zustande der Barbarei und äusserlichen Civilisation sind die Vorstellungen von Tugend und Sittlichkeit am weitesten von jener Auffassung entfernt, zu welcher die natürliche, normal entwickelte Logik uns leitet. So lange Aberglaube die Religion beherrscht und Wieviel-Soviel das gesellschaftliche Leben, so lange stellt man unter Sittlichkeit und Tugend nur Irriges sich vor, so lange ist wahre Tugend gehemmt und die Ausnahme, wahre Sittlichkeit eine Unmöglichkeit.

Aberglaube und Wieviel-Soviel haben nichts Vereinigendes, sondern trennen, verfeinden, verhetzen die Söhne unser Erde. Wo Leidenschaften hausen, welche gegen die Wohlfahrt des Nächsten sich richten, kann naturgemässe Moral nicht herrschen, und wo von dieser keine Rede ist, lebt die Tugend nicht. Noch weit mehr,

als der Aberglaube, ist das Wieviel-Soviel das Erregende
der Leidenschaften und darum das wirklich Gefahrbringende für Tugend und Sittlichkeit. Und zwar
werden durch das Wieviel-Soviel nicht die edlen, sondern
die unteren, gemeinen, infamen Triebe und Leidenschaften
angestachelt.

Im Bannkreise König Mammon's giebt es weder
Tugend noch Sittlichkeit; der Despotismus, welcher
Art derselbe auch sein möge, unterdrückt Tugend und
Sittlichkeit; das naturgemässe Zusammenleben der
Menschen allein schafft Lebensluft und Nahrung für
correcte Tugend und Sittlichkeit.

§ 32.

Was ist Tugend? Was ist Sittlichkeit? Das
Leben und Handeln nach den Normen der Natur, des
Guten, der Wahrheit, der Nächstenliebe, der persönlichen
Bescheidenheit und gesellschaftlichen Harmonie. Solches
Leben und Handeln setzt gesundheits-gemässe und harmonische Entwickelung des ganzen Menschen voraus.
Und weil dem so ist, giebt es unter der Herrschaft von
Elend, Ueppigkeit, Rohheit und Raffinirtheit weder
Tugend, noch Sittlichkeit.

Wenn **S. E. Löwenhardt** [16]) ausspricht: „Ueberdies
ist der Charakter der Sittlichkeit durch den Zeitgeist
bedingt, deshalb fortschreitend und an sich ohne feststehende Normen", — so hat dies so lange Geltung,
bis alles der wahren Tugend und der naturgemässen
Sittlichkeit Fremde daraus entfernt ist und die Menschheit zu mehr vollkommener und harmonischer Entwickelung
der individuellen und gesellschaftlichen Persönlichkeit
gelangte. Sodann giebt es kein Schwanken mehr in
Bezug auf den Begriff und Inhalt von Tugend und
Sittlichkeit, und moralisches Leben bedeutet überall die
gleiche Religion und wahre Naturgemässheit.

In ihrer äusseren Gestalt und Offenbarung haben
Tugend und Sittlichkeit während des Laufes der Geschichte immer sich geändert; dem Wesen nach sind

dieselben aber stets sich gleich geblieben. Und ihrem Wesen nach bedeuten Tugend und Sittlichkeit nichts anderes, als Selbstbeherrschung, Selbstüberwindung, ein Leben ganz nach den Grundsätzen der Hygieine des Leibes und der Seele, wie endlich vollste Bethätigung der Nächstenliebe.

Finden wir dies alles in Blüthe bei den persönlich höchst entwickelten, harmonisch gestalteten Menschen, so bemerken wir die Anfänge davon bereits bei den Wesen auf den niedrigsten Stufen der Thierheit. Es muss hier nothwendig ähnliches gelten, wie von der Religion oben gesagt wurde.

§ 33.

J. Frohschammer[17]) bemerkt über den Ursprung der Sittlichkeit: „Die Phantasie, zunächst die objective, ist daher auch die Quelle der Sittlichkeit, giebt dem sittlichen Verhalten den Ursprung dadurch, dass sich dieselbe als Generations-Potenz in zwei Geschlechter differencirte, die physisch und psychisch auf einander angewiesen sind, sich zu innigem Verhältniss angezogen fühlen, das selbst bei rohen Naturen, wie ja selbst bei Thieren, Anfänge ethischen Verhaltens veranlasst und vollends durch die Erschliessung in das Gemeinschafts-Leben der Familie ein solches begründet". . . . „Schon also das Verhältniss von Mann und Weib bietet in der Liebe . . . Gelegenheit zu sittlicher Gesinnung und That . . . Es begründet sich ein Verhältniss, das man als das des Ego-Altruismus bezeichnen kann. Gebend und nehmend, fördert eines das andere, sich opfernd gewinnt es für sich, und, sich befriedigend, sucht es, das andere zu beglücken, so dass hier schon wichtige Momente sich zeigen, die das sittliche Leben in sich enthält. Mehr noch ist dies der Fall in der Familie, die ja ohnehin nur die Fortsetzung und Erweiterung, oder die Consequenz des Verhältnisses von Mann und Weib ist. Es sind insbesondere die Eltern, welche durch ihre Arbeit, Sorge und Aufopferung für die Kinder, da dies alles mit Bewusstsein und Willen geschieht, wirklich sittlich thätig sind, wozu ja der hülflose Zustand, in welchem die Kinder geboren werden und so lange Zeit hindurch verbleiben, reichlich Gelegenheit bietet... Alle thierischen Factoren und Merkmale zeigen sich also in dem Familien-Leben, wenigstens in ihren ersten Spuren und Anfängen: Pflichtgefühl, bewusste, aufopfernde Hingabe, vorsorgliche Thätigkeit für andere, nicht zunächst weil diese eine Gegengabe bieten könnten, sondern uneigennützig, aus Liebe und Wohlwollen."...

„Wir können demnach behaupten", entwickelt Frohschammer weiter, „dass die objective Phantasie oder die Generations-Macht in der Menschheit auch Trägerin der (immanenten) sittlichen Idee und Organ für deren Realisirung sei, wie sie ja überhaupt neben der Kraft realer Gestaltung die idealen Momente in sich birgt und allmählig in der Natur, wie in der Menschheit zur Offenbarung bringt. Die sittliche Idee ruht demnach nicht im isolirten menschlichen Individuum als solchem, sondern im Gattungs-Wesen, und beginnt daher ihre Realisirung auch in den durch dasselbe gesetzten Verhältnissen, in dem Gemeinschafts-Leben der Menschheit, oder zunächst in dem Kreise derselben, der sich durch Bethätigung des Gattungs-Wesens bildet: in deren Erweiterung zum Stamme, zur Nation, u. s. w." —

Es geben diese Aussprüche zu verschiedenen Gedanken die Veranlassung.

§ 34.

Alles gegenseitige Verhältniss der Menschen, demnach auch die Gesammtheit dessen, was man unter dem Namen der Sittlichkeit versteht, leitet in letzter Reihe auf den Gegensatz und das Zusammenleben der beiden Geschlechter sich zurück, weiter auf das Leben der Familie und der Gesellschaft. Weil die Ehe — nennen wir so den dauernden Gesellschafts-, Arbeits- und Geschlechts-Verkehr von Mann und Weib im ganzen

Thierreich — nicht blos aus Begattung besteht, sondern alle persönlichen Eigenschaften beider Gatten herausfordert und entwickelt, und, bei halbwegs normalem Bestande, auch naturgemäss entwickelt, darum gehört sie auch zu den Haupt-Factoren, aus deren Zusammenwirken Moral entspringt. Nun kommt dazu, dass die Sprösslinge in einem ethischen Verhältniss zu ihren Erzeugern stehen und diese letzteren zu einander in ein besonderes moralisches Verhältniss bringen. Hierdurch gelangen die Grundsäulen der Sittlichkeit noch mehr zur Ausbildung und die Moral selbst zur Vertiefung.

Je liebevoller Gatten zu einander und Kinder und Eltern zu einander stehen, je liebenswürdiger ein Glied der Gesellschaft dem andern begegnet, desto mehr naturgemäss gestaltet sich die ganze private und allgemeine Sittlichkeit. Echte Moral ist also nicht ein Ergebniss kalter Reflexion, sondern warmer Liebe, herzlicher Unmittelbarkeit und socialer Liebenswürdigkeit. Die naturgemässe Sittlichkeit hat demnach nicht den Charakter der Verdüsterung und Reflexion, sondern der Freude, Frische, Unmittelbarkeit, und wirft sich keineswegs auf Aeusserlichkeiten, sondern fordert Veredelung des Innern, Vervollkommenung.

Aus diesen und andern Gründen kann wahre Sittlichkeit niemals als verkappte Selbstsucht aufgefasst werden; auch bedeutet echte Moral gerade das Gegentheil von Egoismus. Dieser letztere entwickelt sich im ehelichen Zusammenleben, in der Familie, in der Gesellschaft, unter dem Obwalten krankhafter Verhältnisse, und vernichtet, wo er zur Geltung kommt, die Sympathie, die Moral, das gesundheitsgemässe Zusammensein.

§ 35.

Unter ganz normalen Voraussetzungen und Verhältnissen bekunden Ehe, Familie und Gesellschaft nicht den Geist des Ego-Altruismus, sondern nur den des Altruismus. Wenn einer für alle lebt und alle für einen leben, braucht keiner mehr egoistisch zu sein; denn sein ganzes Dasein ist in jedem Puncte durch die allgemeine Gegenseitigkeit der altruistischen Moral gesichert.

Hält man dies fest, so begreift man, dass jede civilisirte Gemeinschaft blos in der Sittlichkeit des Altruismus ihre eigentliche Grundlage haben könne, die keine sich verändernde Deutung und Auslegung gestattet; dass die sogenannte Privat- und die sogenannte Staats-Moral nur Offenbarungen einer und derselben Wesenheit seien.

Gesellschaft und bürgerliches Gemeinwesen sind ihrer Natur nach nichts anderes, als eine erweiterte Familie. Alle Normen, welche hier maassgebend sind, müssen folgerichtig auch dort gelten. Es kann also unmöglich Privat-Moral verschieden sein von Staats-Moral; es kann auch innerhalb wirklich gesundheitsgemäss entwickelter Gesellschaften für diese keine andere Grundlage geben, als Sympathie, Liebe.

§ 36.

Ob das Schwergewicht des moralischen Gefühls und des moralischen Wesens, also mit einem Worte: der Sittlichkeit, in das Individuum oder in die Gattung fällt? Das Individuum ist concret, die Gattung ist abstract; alles, was von Ideen, Gefühlen und Wollens-Richtungen in einer Gesammtheit von Einzelwesen liegt, muss nothwendig in den Individuen selbst liegen. Also, alle Sittlichkeit ist im Einzelwesen zu suchen und als Eigenschaft der Seele zu erklären, hervorgegangen aus der Wirkung der Aussenwelt auf Form-Elemente der Organisation und Seele, und wieder des activen Aethers auf die Gebilde des Nervensystems und der letzteren auf den ersteren. Nennt man den activen Aether Phantasie und das grosse Weltprincip Weltphantasie, so ist zuletzt die Phantasie und weiter die Weltphantasie der Urquell aller Sittlichkeit.

Es giebt aber zwei Arten von Individuen: Männer und Weiber; beide Arten sind Träger der Sittlichkeit der Tugend. Die abstracte Sittlichkeit und Tugend trägt nicht den Charakter des Geschlechts, weil sie das

Mittel ist der männlichen und weiblichen Sittlichkeit und Tugend. Die concrete Sittlichkeit und Tugend existirt in einer männlichen und weiblichen Modification. Herrscht in einem Staats- und Gesellschafts-Wesen das Element der Mannheit vor, so haben Sittlichkeit und Tugend männlichen Charakter. Herrscht das Element der Weiblichkeit vor, so bekunden jene beiden weiblichen Charakter. In harmonisch entwickelten Gemeinwesen, woselbst jedes Geschlecht die von Natur bestimmte Stellung einnimmt, zeigen Sittlichkeit und Tugend im Allgemeinen sich als Mittel des männlichen und weiblichen Charakters.

§ 37.

Immanuel Kant [18]) nennt Tugend die moralische Stärke des Willens, in genauerer Bestimmung „die moralische Stärke des Willens eines Menschen" [überhaupt eines selbstbewussten Wesens] „in Befolgung seiner Pflicht". „Die Laster", bemerkt Kant, „als die Brut gesetzwidriger Gesinnungen, sind die Ungeheuer, die er nur zu bekämpfen hat, weshalb diese sittliche Stärke auch als Tapferkeit die grösste und einzige wahre Kriegsehre des Menschen ausmacht; auch wird sie die eigentliche, nämlich praktische Weisheit genannt, weil sie den Endzweck der Menschen auf Erden zu dem ihrigen macht". Als erstes Erforderniss der Tugend bezeichnet Kant die Herrschaft der Persönlichkeit über sich selbst. —

Beherrschung des eigenen Selbst und die Kraft des Willens, das Gute zu vollbringen, dies gehört zur Tugend. Das Vollbringen des Guten aus innerem Antrieb, frei von Selbstsucht, dies bedeutet und ist Tugend. Zu Selbstbeherrschung, Tugend, gehört leibliche und seelische Kraft, oder besser: Nerven- und Seelenkraft. Zu Erzeugung und Bewahrung von Nerven- und Seelenkraft gehört vollkommen gesundheitsgemässe und sittenreine Lebensführung. Ein Individuum, welches durch Ausschweifung in den Freuden des Bauches und der Liebe seine physische Kraft verlor, verfügt auch nicht über moralische Kraft, ist unfähig der Selbstbeherrschung, unfähig der Tugend.

Obgleich alles Denken, Fühlen und Wollen, alle Selbstbeherrschung, Tugend und Sittlichkeit an sich ganz in das Bereich der Seele gehört, wird selbes doch auch von Leib und Aussenwelt in hohem Grade bedingt, und ist von der Pflege der Gesundheit abhängig.

§ 38.

Alle Tugend, alle Sittlichkeit dreht sich um die Achse des Guten, nimmt das Gute zum Ausgangs- und Zielpunkt, und lähmt, vernichtet das Böse.

J. Frohschammer [19]) bemerkt unter Anderem: „Den Kräften oder Momenten der Seele gemäss, sowie nach dem Verlaufe der psychischen Entwickelung und der gegebenen Verhältnisse, giebt sich das Gute oder das sittliche Gesetz zuerst im Gefühl kund, als Pflichtgefühl, zuerst besonders in der Familie. Den gegebenen Verhältnissen gemäss gestaltet sich das Gemüth, die Gemüths-Bewegung, und correspondirt denselben in Dankbarkeit, Hingebung und Liebe, welchem allen aber zugleich das Moment des Schuldigseins, der Pflicht, und objectiv betrachtet, des Seinwollens innewohnt. Wurde diese Gefühlsweise auf grössere Volkskreise oder geradezu auf die Menschheit übertragen und zugleich das Gottes-Bewusstsein, das Gefühl göttlicher Vollkommenheit und Ergebenheit damit in Verbindung gebracht, so konnte sich darauf die sogenannte Gefühls-Moral praktisch gestalten, wie theoretisch begründen. So wichtig indess als psychischer Naturgrund des ethischen Lebens das Gefühl des Seinsollenden, des Schicklichen, Rechten und Pflichtgemässen immer sein mag, so ist dasselbe doch eine zu schwankende Basis für die reale Sittlichkeit, und ist zu unklar und unsicher, als dass es als Norm des Handelns und als Kriterium der Beurtheilung, also als eigentliches Princip der Ethik dienen könnte. Eher scheint dies der Fall zu sein bei jener innern, urtheilenden, richtenden Stimme, welche als Gewissen bezeichnet wird. Das Gewissen wächst seinem inneren Wesen nach aus dem moralischen Gefühle hervor und stammt also ursprünglich aus derselben Quelle, wie dieses, ist gleichsam nur die intensivere Form, der strenger gestaltete Ausdruck desselben. Seine Thätigkeit geht nicht mehr so unmittelbar aus dem Seelengrunde selbst hervor, sondern ist schon von subjectiver Phantasie getragen ... Aber sicheres Kriterium für sittliche Wahrheit und Richtigkeit, und Princip der Moral kann auch das Gewissen nicht sein ... Das Gewissen ist ... eine Mühle, die zwar sicher und unentwegt mahlt, aber nur so, wie sie eben gerichtet, und das, was in sie hineingelegt wird ... Daher kann das Gewissen irren, ... giebt also keine objective Sicherheit in Betreff des Guten, keine sichere Erkenntniss oder Beurtheilung der geschehenen Handlungen" ... „Demgemäss kann das wahre Offenbarungs-Organ der sittlichen Idee doch nur das theoretische Vermögen, die Vernunft, als Fähigkeit idealer Erkenntniss sein, wenn auch Gefühl und inneres, formales Gebot und Gewissen von grosser Bedeutung sind". „Die äussere Handlung wird durch die ethische Gesinnung des Handelnden zur ethischen Qualität erhoben und diese Gesinnung offenbart sich der Idee des Guten, dem ethischen Gesetze gegenüber als Ehrfurcht, dem Menschen gegenüber als Wohlwollen, Liebe und Mitleid". Das hierbei vorwiegend und vermittelnd in Betrachtung kommende ist für Frohschammer die subjective Phantasie.

Wir wissen nicht genau, welche Seite der Seele hier vorwiegend und vermittelnd in Betrachtung kommt; unsere gesundheitsgemäss ausgebildete natürliche Logik leitet uns darauf hin, dass überhaupt die Seele diese Macht sei, und dass zur Vollbringung des Guten alle Kräfte der Seele gehören.

§ 39.

Alles Organisirte, welches durch Bewusstsein sich kennzeichnet, ist der Tugend, der Moral fähig, wenn alle Seiten und Kräfte der Seele, übereinstimmend mit der Organisation, normal entwickelt, genügend ausgebildet sind. Erkenntniss und Gemüth gehören zu den Voraussetzungen jedes Gefühls von Pflicht, und zwar bei den Ameisen und Tintenfischen ebenso, wie bei den höchst gesitteten Menschen. Bei allen Wesen wird das, was man Pflicht nennt, durch das eheliche, familiäre, gesellschaftliche Zusammenleben entwickelt, indem Erkenntniss und Gefühl, oder Verstand und Gemüth, ausgebildet werden.

Der Begriff und das Gefühl des Guten und des Bösen hat im Einzelwesen unter Einfluss des gesellschaftlichen Lebens auch auf dem Grunde von Lust und Unlust, Freude und Schmerz, sich entwickelt, das heisst: Freude und Schmerz haben bei Gestaltung jener Begriffe und Gefühle mitgeholfen. Ohne klare Erkenntniss jedoch und ohne Mitgefühl könnte es weder Vorstellung (in Vernunft und Gemüth) von Gut und Böse, noch von Pflicht und Tugend geben.

Als oberste Instanz zu endgültiger Entscheidung über Gut und Böse, Tugend und Laster, Pflicht, Moral und Recht, die Vernunft hinzustellen, ist ganz richtig, aber einseitig; denn zu der reinen Erkenntniss gehört auch das reine Gefühl, und diese beiden, harmonisch vereinigt, können erst als die wirkliche oberste Instanz betrachtet werden. Das hygieinisch, intellectuell und moralisch höchst und harmonisch entwickelte, persönlich reinst auskrystallisirte Individuum hat diese oberste Instanz in sich, und eine Gesammtheit solcher Individuen könnte als das eigentliche Schiedsgericht in Bezug auf Moral betrachtet werden.

§ 40.

Gewissen bedeutet zwar wesentlich dasselbe auf allen Stufen der Civilisation, in allen Classen der Thierwelt: Unterscheidung des Guten vom Bösen; aber, die begrifflichen und Gefühls-Vorstellungen vom Guten und Bösen sind nicht überall dieselben. Nur dort kann deren Naturgemässheit angenommen werden, woselbst vollkommene Gesundheit waltet und die Entwickelung der Wesen in aller und jeder Beziehung höchst normal ist, wie dies schon angedeutet wurde. Und höchst normal ist die Entwickelung der Seele, wenn die Grundlage für Gut und Böse nicht mehr eine individuelle-egoistische, sondern eine allgemein-sympathische ist. In diesem Falle ist es mit dem Gegensatz des Guten, mit dem Bösen, zu Ende, wie es mit dem Gegensatz der Gesundheit, mit der Krankheit, zu Ende ist; denn das Gute verhält sich zum Bösen, wie die Gesundheit zur Krankheit.

„Es ist begreiflich", sagt G. Tiberghien [20]) „dass die absolute Verwirklichung des Guten für uns, endliche Wesen, ein in Ewigkeit zu erstrebendes Ideal sei. Denn kein menschliches Leben ist und kann gänzlich frei sein vom Bösen, vom Unglück ... Dies (die Verwirklichung des Guten) ist ein Ideal, welches das ganze Leben hindurch besteht und in demselben Maasse fortschreitend durch Thatsachen sich ausdrückt, in welchem der Mensch sich vervollkommnet; aber, niemals wird dieses Ideal vollkommen erreicht in irgend einem Abschnitt der Zeit von irgend einem endlichen Wesen". —

Ohne Frage muss eine Gesittung, welche auf Gesundheit des Leibes und der Seele, des Individuums und der Gesellschaft sich gründet, und, anstatt des socialen Systems vom Wieviel-Soviel mit seinem Geld und Elend und Uebermuth, des socialen Systems der Sympathie und der Solidarität theilhaftig ist, dem Ideal der allgemeinen Verwirklichung des Guten und der Austilgung des Bösen immer näher kommen und zuletzt dasselbe erreichen. Wahre Civilisation ist das Streben der Seele nach der Alleinherrschaft des Guten.

Ueber Sprache, Denken und Phantasie.

§ 41.

Wesentlich ist Denken ein Act. der auf Wechselwirkung des activen Aethers oder der Seele mit den Form-Elementen gewisser Central-Organe des Nervensystems sich gründet. Phantasie im engeren Sinne, in der gewöhnlichen Auffassung, ist ein wesentliches Hülfsmittel des Denkens, eine wahre Vermittlerin zwischen dem Anlass und Gegenstand des Denkens und dem Denkenden, ermöglicht in eigentlichem Sinne den Vorgang des geistigen Aufnehmens und Erkennens. Das Denken an sich selbst bedarf niemals der Sprache; der einsame Denker, sei er Infusorium oder Zweihänder, ist stumm. Die Sprache, welcher besonderen Art dieselbe auch sein möge, bezieht sich ausschliesslich auf das gesellige Leben des Individuums. Und da zuerst das Individuelle sich ausbildet und sodann das Gesellschaftliche, so bildet auch zuerst die Fähigkeit des Denkens sich aus und sodann die Fähigkeit der Sprache.

Betrachten wir junge Wesen im ganzen Reiche der Thiere, und entledigen wir uns hierbei alles Vorurtheils, so entgeht es uns nicht, dass die Fähigkeit des Denkens weit früher sich offenbart, als die Anfänge der Sprache beginnen, und dass der Phantasie eine überaus grosse Macht zukommt, die erst in dem Maasse beziehungsweise beschränkt wird, in welchem Erfahrungen sich sammeln. In dem Verhältnisse als innerhalb des Denk-Vorgangs die Beurtheilung und Erkenntniss zum

Ausdruck kommen, tritt die Sprache hervor; denn das Einzelwesen fühlt um so mehr das Bedürfniss, seine Gedanken andern Einzelwesen mitzutheilen, je mehr Bewusstsein, Beurtheilung und Erkenntniss gegeben sind.

Weil das Verhältniss von Phantasie, Beurtheilung und Gefühl in jedem Abschnitte des Lebens ein anderes ist, darum ist auch die Sprache in jedem Abschnitt des Lebens eine andere, und zwar bei dem Einzelnen ebenso, wie bei ganzen Völkern.

§ 42.

Ich denke stets in Bildern und bin genöthigt, diese letzteren in Worte zu übersetzen, wenn ich schriftlich oder mündlich mich äussere. Die Uebersetzung geht mit der Schnelligkeit des Blitzes von Statten, wenn genügend Nervenkraft frei wird und das Gemüth heiter ist, und sie geht etwas schwieriger von Statten, wenn das Gegentheil der Fall ist.

Albert Lemoine[21] macht folgende, beachtenswerthe Bemerkung: „Man kann die enge und gewöhnte Verbindung nicht läugnen, welche zwischen dem einsamen Denken, der Meditation zum Beispiel, und der Sprache des Geistes besteht, auch keineswegs den Nutzen dieses innern Ausdrucks des Denkens für den Denker selbst; aber, wenigstens auf die Bildung neuer Thatsachen, läst es sich blos bestätigen, dass diese innere Sprache nothwendig sei und ununterbrochen. Dass der Mensch nicht denken könne, ohne zu sprechen, ist vielleicht nur ein Irrthum . . . In dem Maasse die Wissenschaft um so leichter ist und desto mehr fortschreitet, als die Sprache, deren sie sich bedient, vollkommener ist, in demselben Maasse ist ein individueller Gedanke um so klarer und bestimmter, als sein wörtlicher Ausdruck klarer wird und bestimmter; aber die Sprache erzeugt nicht die Wissenschaft, das Wort nicht den Gedanken (die Idee), und der Buchstabe ist nicht der Geist". —

Ich glaube, es hänge die Thatsache, ob ein Wesen in Bildern oder gleich in Worten denkt, von der Thätigkeit der Phantasie ab; je mehr diese letztere sich geltend macht, desto mehr wird der Gedanke in Bildern zum Ausdruck kommen, die, wenn sie mitgetheilt werden sollen, in Laute, in Worte übersetzt werden müssen. Menschen, die sehr intensiv und sehr ununterbrochen denken, haben oft genug mit dem Ausdruck ihrer Gedanken durch die Sprache zu kämpfen, sind nicht selten mittelmässige, ja geradezu schlechte Redner. Nur wer neben viel Phantasie auch viel Leidenschaft und Beweglichkeit hat, wird, bei tiefem Denken, gewandt und richtig sprechen.

Auch mit dem guten Ausdruck durch die Schrift hat es bei gar manchem der vorzüglichsten Denker gerade nicht geringe Beschwerlichkeit. Und aus dieser Thatsache entspringt das traurige Schicksal der ausgezeichnetsten Köpfe im Gemeinwesen des Wieviel-Soviel, welches von der Barbarei des Lohngesetzes und Marktes sich an der Nase umher führen lässt und den Geist zwingt, die Erzeugnisse seines Schaffens verkäuflich zu machen.

§ 43.

„Wer", sagt W. **Preyer** [22]) sehr zutreffend, „die geistige Entwickelung der Säuglinge gewissenhaft beobachtet hat, muss zu der Ueberzeugung kommen, dass die Bildung von Verstellungen nicht an die Erlernung von Wörtern gebunden, sondern nothwendige Vorbedingung für das Vorstehen der ersten zu erlernenden Wörter, also für das Sprechenlernen ist. Lange ehe das Kind auch nur ein einziges Wort versteht, ehe es selbst auch nur eine einzige Sylbe in einem bestimmten Sinne consequent gebraucht, hat es bereits mehrere Vorstellungen, welche durch Mienen und Geberden und Schreien ausgedrückt werden. Namentlich gehören dahin Tast- und Gesichts-Vorstellungen". —

Weil jedes thierische Wesen Nerven-Organe und Seele mit zur Welt bringt, und Eindrücke nervöser, geistiger Art schon empfängt, sobald die erste Wechselwirkung zwischen Nervenzellen und activem Aether oder der Seele stattfindet, so ist es sehr natürlich, dass Vorstellungen und Gefühle dem Ausdruck durch die Sprache, den Lauten und Worten voran schreiten werden. Es ist auch sehr begreiflich, dass kein Wesen im Stande sein könne, seiner Gedanken und Gefühle sprachlichen Ausdruck zu lernen, wenn es diese beiden selbst nicht hat. Wer nun die Sprache erlernte, ist befähigt, durch dieselbe das Reich der Gedanken und Gefühle zu vergrössern, an intellectueller und moralischer Bildung zuzunehmen. Die Sprache verhält sich nur als Vermittlerin zwischen der Seele und den Momenten der Aussenwelt, zwischen dem Individuum und der Gesellschaft.

Zuweilen ist das Vermögen der Mittheilung durch die Sprache bei Menschen, denen an formeller Bildung es gebricht, sehr klein; trotz dessen erweisen sich dieselben als sehr gute Denker und fühlen auf das Feinste. Hierdurch wird klar und deutlich bewiesen, dass Sprechen einerseits, Fühlen und Denken andrerseits, zwei grundverschiedene Sachen sind, an verschiedene Organe des Gehirns oder Ganglions sich knüpfen, und keineswegs einander absolut bedingen.

Taubstumm Geborene mit sonst vollkommen naturgemässer Verfassung der centralen Nervenorgane können — und die Erfahrung steht hier zur Seite — vortreffliche Denker und edle Fühler werden, wenn man selbe gut zu leiten versteht.

§ 44.

Gehen wir nunmehr zu Betrachtung der Meinungen **Frohschammer's** [23]) über, welche auf Sprache, Phantasie und Denken sich beziehen. „Obwohl", bemerkt dieser Weltweise, „die Sprache zunächst nur Mittel oder Organ der Mittheilung der psychischen Thätigkeit, der Eindrücke durch äussere Dinge und Verhältnisse und des Denkens ist, wohl auch zu gedankenlosen Aeusserungen dient, so erhält sie dennoch auch hinwiederum als Product des Geistes, als Werk der productiven Einbildungs-Kraft, eine gewisse selbständige Gestaltung und Organisation, und ist der Entwickelung fähig".

„Sprechen und Phantasie-Thätigkeit stehen im engsten Zusammenhang. Durch Sprechen wird das zur Anwendung gebracht, was die Phantasie als eigenthümliche Fähigkeit in sich birgt, indem ... das Innerliche, Geistige äusserlich, sinnlich gemacht und das Aeusserliche, sinnlich Erscheinende verinnerlicht, vergeistigt wird. Dies zu vollziehen, haben wir als die eigentliche Fähigkeit, Aufgabe und Function der Phantasie erkannt. Im Sprechen findet ein beständiges Produciren und Reproduciren von Bildern und Zeichen statt, die eine bestimmte Bedeutung als Geist oder Leben in sich bergen. Es ist also dabei die Einbildungs- oder Productions-Kraft des Geistes thätig, welche dem Geistigen (den Vorstellungen und Gedanken) diese Verkörperung bildet, um es in die Erscheinungs-Welt einzuführen und durch diese hindurch im Verstehenden wieder in die geistige Welt, in das Bewusstsein und das Verständniss zu vermitteln".

§ 45.

Weiter entwickelt Frohschammer: „Die Sprache dient eigentlich dazu, den Mittheilungs-Drang zu befriedigen, andern Wesen der gleichen Art die eigenen inneren Erregungen, Gefühle und auch Vorstellungen kund zu geben und zum Bewusstsein zu bringen; dann aber, auf höherer Stufe des geistigen Lebens, dient sie dazu, die inneren Erregungen und Eindrücke in bestimmter Weise zu gestalten, Begriffe, Gedanken zu bilden. Damit ist schon angedeutet, dass nicht mit Denken oder durch Denken die Sprache begonnen haben kann, so wenig, als andererseits mit bewusst oder vernunftlosem Geschrei, oder mit blossen Interjectionen oder Schall-Nachahmungen oder mechanischem Reflex-Bewegungen. Sie wird vielmehr aus dem psychischen Leben, das noch vorherrschend Gefühlsleben war, in Affecten und Trieben sich bewegte, hervorgegangen sein, indem Gefühle und Stimmungen, Erregungen, auf die innere Gestaltungskraft wirkten, und dieselbe zu einem ihnen möglichst entsprechenden Ausdruck in Lauten veranlasste" . . . „Ein solches Verhältniss unter den Menschen ist aber im eigentlichen Natur-Zustande zunächst und hauptsächlich begründet durch den Geschlechts-Gegensatz, also zwischen Mann und Weib, und dann insbesondere in der Familie, die durch beide begründet wird. Den stärksten Drang, die innere Erregung, das Gefühl von Liebe, Zuneigung, Sympathie u. s. w., in Lauten und Worten kund zu geben, haben sicher schon in primitiver Zeit naturgemäss die Eltern gegenüber den Kindern empfunden. Der Drang dazu musste auf die Phantasie, die innere Gestaltungs-Kraft wirken und diese auf die Sprachorgane, um die dem Gefühle entsprechenden, conformen Töne hervorzubringen, die zu Worten gestaltet werden konnte".

Und endlich sagt Frohschammer: „Zu eigentlicher Wortbildung konnte es daher in der Menschheit erst kommen, nachdem die subjective Phantasie selbständig, das heisst: von der Bindung durch die Naturgesetze im physischen Organismus, frei geworden war im Entwickelungs-Gange des Menschengeschlechts (wie es jetzt noch im Kindes-Zustande geschieht); denn von ihr ist die Entstehung oder selbständige Ausbildung des psychischen Organismus selbst bedingt. Ausserdem aber ist sie die eigentlich schaffende, bildende Macht bei der Wort- und Sprachbildung durch ihre freie, wie durch ihre teleologisch-plastische Thätigkeit". „Bei der näheren Gestaltung und Entwickelung der Laute und Worte war es hauptsächlich die subjective Phantasie . . . die wirksam war".

§ 46.

„Für die sprachliche Entwickelung", bemerkt Frohschammer, „wurden die im Bewusstsein sich befestigenden, das Wesen des Verstandes bildenden Kategorien hauptsächlich Veranlassung zu jenen allerdings aus ursprünglich sachlichen Beziehungen künstlich gebildeten Redeformeln, durch welche die feineren logischen Denkverhältnisse ihren Ausdruck finden. Wiederum wurde hierdurch auch das complicirte logische Denken ermöglicht, so dass beides, Denken und Sprechen, mit einander sich entwickelte und die Vollkommenheiten der Sprachen selbst nach ihrer logischen und zum Theil auch ästhetischen Beziehung begründete. Durch diese Entwickelung des logischen Denkens in Wechselwirkung mit dem sprachlichen Ausdruck bildete sich der Verstand selbst als psychisches Vermögen, in welchem das rationale Wesen der objectiven Natur in allgemeine Denkgesetze und Normen des subjectiven Geistes sich umsetzt, und nun hinwiederum in eigener Lebendigkeit zur geistigen Reproduction oder Erkenntniss jenes objectiven Wesens mit seinen Gesetzen und Normen verwendet werden kann, wie dies besonders in der Wissenschaft geschieht. Die Phantasie hatte bei all dieser Gestaltung den Hauptantheil, daher man wohl sagen kann: der Verstand entstund gleichsam durch Vermählung derselben mit den allgemein wirkenden, objectiven Gesetzen der Natur, oder der realen, objectiven Rationalität (Vernunft in weiterem Sinne) der Natur, und zwar mit den wirkenden Gesetzen und den teleologischen Normen derselben. Hierdurch erhält der Menschengeist oder der psychische Organismus ebenso seine bestimmte, feste Gestaltung, wie seine ideale Befähigung"·

„Das logische Denken hat sich also zwar allenthalben bei der Bildung der Sprache und insbesondere bei der etymologischen und syntaktischen Ausbildung derselben bethätigt; aber die Sprache ist nicht der adaequate Ausdruck des logischen Denkens. Schon das sprachliche Material, das Lautliche kann nicht als Product des Denkens bezeichnet werden, und auch sonst machte sich die Phantasie mit ihrer freien Thätigkeit vielfach geltend, wie auch die äusseren Verhältnisse dabei zufällig mehr oder minder entscheidend einwirkten. Ausserdem aber ist, was besonders die Anwendung der Sprache betrifft, zu bedenken, dass dieselbe nicht blos zum Ausdruck für das logische Denken zu dienen hat, sondern dem ganzen psychischen Wesen und Leben, also auch dem Unverstande und dem menschlichen

Herzen mit seinen nicht immer logischen Regungen, Gefühlen und Affecten zur Verfügung steht". —

Diese Aussprüche sind theils wirklich zu nehmen, theils nur bildlich. In jenem Falle beweisen dieselben richtiges Erfassen, in diesem erscheinen sie geistvoll.

§ 47.

Mit der Entwickelung der Sprache und den Beziehungen derselben zur Entwickelung der Seele hat es eine ganz besondere Bewandtniss: je mehr die einzelnen Kräfte der ganzen Geistigkeit sich ausbilden, einerlei ob nach der Richtung des Guten oder nach der Richtung des Bösen, desto mehr verfeinert und potencirt sich die Sprache; also, die Sprache hält Schritt mit der Civilisation, und hierbei ist es im Allgemeinen gleichgültig, ob diese letztere mehr innerlicher Art ist oder mehr äusserlicher.

Ob mit Zunahme der Gesittung auch das logische Denken zunimmt? Wenn die Gesittung vorwaltend innerlich ist, erscheint das logische Denken in deren Steigerung immer vollkommener. Unter Umständen dieser Art entwickelt sich die Sprache normal, harmonisch, athmet den Geist der Erkenntniss und der Sympathie, der Gesundheit und der Aesthetik.

Wenn die Gesittung vorwaltend äusserlich ist, wird das logische Denken in deren Steigerung keineswegs vollkommener werden, sondern mehr oder weniger krankhaft sich entwickeln. Unter diesen Umständen kann von normaler, harmonischer, gesundheits-gemässer und ästhetischer Ausbildung der Sprache nicht die Rede sein.

In dem einen wie in dem andern Falle ist die eigentliche Phantasie (im engsten Sinne) thätig, nur kann diese Bethätigung in dem ersten Falle als normal, in dem zweiten als abnorm aufgefasst werden. Wenn man die Seele oder den activen Aether mit dem Namen Phantasie bezeichnet, so ist allerdings dieselbe der letzte Grund der Sprache, deren Anstoss und Ausgangspunct, und wieder deren Endziel. Fasst man aber den Begriff der Phantasie im gewöhnlichen Sinne, so ist diese Eigenschaft oder Fähigkeit der Seele die bedeutendste Vermittlerin und darum unerlässliche Bedingung bei Entstehung und Ausbildung der Sprache; ja, man ist berechtigt, zu sagen, die ganze Form und Musik der Sprache, sowie deren eigentlicher Inhalt, werden auf das Mächtigste von der Phantasie bestimmt.

§ 48.

Weil die Sprache Offenbarung des gesammten Seins der Seele, also des Denkens, Fühlens und Wollens ist, darum wirkt dieselbe auch auf das gesammte Sein der Seele, also auf Denken, Fühlen und Wollen des andern ein. Die Art dieser Wirkung ist eine mechanische, oder organische, und eine seelische oder dynamische. Bei der mechanischen Wirkung kommt das Akustische des Schalles und dessen Einfluss auf die Gehörorgane und Nervenzellen in Betrachtung; durch diese letzteren geschieht Mittheilung an die Seele, aber eben nur indirect. Die unmittelbare Wirkung geht von Seele zu Seele; denn in der Gesammtheit dessen, was man Sprache nennt, liegt ein gewisses etwas, ein bestimmtes Undefinirbares, welches mit den Worten, die zum Theile sein Mittel ausmachen, in die Seele des andern fliesst. Dieses etwas lässt vielleicht auf Strömungen äthetischer Art, bedingt durch den activen Aether oder die Seele sich zurückführen. Es ist gleichgültig, ob man dieses etwas mit was immer für einem Namen bezeichnet; es bleibt dasselbe immer nur erschlossen, niemals demonstrirbar, in die Sinne fallend.

Das Bewegende in uns setzt den ganzen organischen Apparat in uns, den ganzen Mechanismus und Chemismus, in Thätigkeit. Hierdurch werden Kräfte frei, welche als Laute in den mannigfachsten Combinationen sich ausdrücken. Diese Laute in bestimmten Combinationen erzeugen bei dem andern Individuum, zu welchem sie dringen, in umgekehrter Ordnung, nämlich von der Peripherie zum Centrum, ähnliche Gedanken und Gefühle, wie diejenigen, denen sie selbst den Ursprung verdanken. Auf beiden Seiten vollbringt, wie nicht zu läugnen, die Einbildungs-Kraft, eine Aufgabe bedeutungsvollster, unerlässlicher Art. Das Wie dürfte ewig unbekannt uns bleiben, weil wir weder die Seele, noch die Vermögen derselben, jemals klar uns werden vorstellen können.

Es ist mit Gewissheit anzunehmen, dass das Familien-Leben, und weiter das gesellschaftliche Zusammensein der Menschen, die Veranlassung zu Entstehung und Entwickelung der Sprache ist, wie dies schon oben angedeutet wurde.

§ 49.

Logik des Denkens und Logik des Fühlens, beides bestimmt und gestaltet Kern und Schale der Sprache, und der Imperativ des Wollens arbeitet an den inneren Kräften derselben. Und die fertige Sprache des einen wirkt in gleicher Art, nur von der Peripherie zum Centrum, auf die Logik des Denkens und Fühlens ebenso, wie auf den Imperativ des Wollens, des andern. Demgemäss ist die Sprache das gewichtigste Erziehungs-Mittel, und weil dem so ist, machen lehrende Erzieher und Seelsorger, Redner und Schauspieler, zu allen Zeiten sich unentbehrlich. Keine Gesittung ist denkbar ohne Bildung, Erziehung, Vervollkommenung der Persönlichkeit durch den Einfluss der Sprache und ohne Bildung, Erziehung, Vervollkommenung der Sprache durch den Einfluss der Persönlichkeit.

Mit dieser letzteren, und zwar mit allen Theilen derselben, entwickelt sich die Sprache ununterbrochen, fortschreitend ebenso wie rückschreitend. Von diesem Gesichtspuncte aus betrachtet, ist es ganz und gar naturgemäss, wenn **Ernest Renan** [24] einen Unterschied zwischen der dem Menschen so zu sagen angeborenen und der so zu nennenden künstlichen Sprache nicht macht, und unter anderem bemerkt: „Weder durch Uebereinkunft der Bequemlichkeit, noch durch Nachahmung der Thiere, ist der Mensch dazu gekommen, der Sprache zu Gestaltung und Mittheilung seiner Gedanken sich zu bedienen; denn die Sprache ist ihm von Natur aus eigen, ebensowohl in Bezug ihrer organischen Bildung, wie in Bezug auf ihren Werth als Mittel des Ausdrucks"... „Der Mensch hat in gleichem Maasse die Fähigkeit der Mittheilung und Erklärung, wie des Gesichtes nnd Gehörs". —

§ 50.

„Die Sprache", sagt **Edward B. Tylor** [25]), „gehört ihrem wesentlichen Princip nach sowohl den niedrigen als den hohen Graden der Civilisation an" ... „Die Sprache, mit der eine Nation mit hoch entwickelter Kunst, Wissenschaft und Gesinnung ihre Gedanken über diese Gegenstände ausdrücken muss, ist keine Maschine, welche eigens zu dieser Arbeit ersonnen worden ist, sondern eine alte barbarische Maschine, welche man vergrössert und verändert, geflickt und ausgebessert hat, um sie wenigstens einiger Maassen leistungsfähig zu machen!"

Es giebt ein Organ der Sprache im Gehirn. Dieses entstand nicht erst, als der sogenannte Natur-Zustand in Gesittung überging, sondern war schon von Urbeginn da und kommt, einerlei ob im Gehirn oder dem ein solches vertretenden Ganglion, bei allen Wesen vor, welche Laute von sich geben.

Und weil eine Seele da ist, und weil das nervöse Organ da ist, darum war auch von jeher die Sprache lebendig, und darum knüpft an die Vervollkommenung oder rückschreitende Entwickelung des nervösen Organs sich die Vervollkommenung oder rückschreitende Entwickelung der Sprache.

Und das Organ hängt ab von der Seele und dem Haushalt des Organismus einerseits, von der Aussenwelt andererseits. Weil diese Momente in jedem Individuum etwas andere sind, darum hat jedes Individuum eine etwas andere Sprache; darum spricht jede Familie, jede Classe der Gesellschaft, jeder Stamm, jede Nation, jede Rasse anders, und darum giebt es formell keine Universal-Sprache. Universal-Sprache ist: Lachen und Weinen, Bejahen und Verneinen.

Schluss.

§ 51.

Das, was wir genau wissen, ist, dass wir sind. Wir bestehen als denkende, fühlende, wollende Wesen. Unser Dasein wird bestimmt von dem Verhältniss des bewegenden Princips in uns zu den bewegten Formgebilden, oder der Seele zum Leibe. Seele und Leib werden bestimmt von dem bewegenden Princip im Universum und von den bewegten Formgebilden im Universum. Zu dieser Erkenntniss leitet uns die normal entwickelte Logik, welche nothwendig als Eigenschaft der Seele uns vorkommt.

Wie wir das bewegende Princip in uns und das im Universum nennen, ist gleichgültig; gewissenhafte Betrachtung unser selbst und der Welt führt zu der Annahme des Zusammenhanges von Gottheit und Seele. Was Gottheit ist, was Seele, vermögen wir niemals zu ergründen; alle Speculation darüber ist Wahn; denn es fehlt uns das Organ für diese letzte Erkenntniss.

§ 52.

Gesundheit beglückt uns, verlängert das Leben. Gesundheit hängt ab von dem normalen Verhältniss des Bewegenden zum Bewegten in uns und von dem Verhältniss der Aussenwelt zu uns. Demnach wird unser persönliches Verhalten und das gesellschaftliche Zusammenleben in seiner ganzen Art und Weise maassgebend sein für unsere Wohlfahrt.

Normales Zusammenleben setzt voraus: persönliche Tugend, richtige Weltanschauung, und wird verbürgt durch Uebung einer naturgemässen Religion. Jede Weltanschauung, welche den Aufschwung der Seele fördert und die Nothwendigkeit der Liebe als alleiniger Grundlage des Daseins lehrt, ist natur- gleichwie gesundheits-gemäss, fördert Tugend und Glückseligkeit dese Einzelnen und Aller.

Ohne Tugend keine volle Gesundheit; ohne diese keine Tugend. Ohne Tugend und Gesundheit kein normales, kein glückliches Zusammenleben; ohne solches keine wahre Gesittung. Für die Civilisation hat demnach die Weltanschauung die grösste Bedeutung. Eine Gesittung ohne Gesundheit heisst Elend für den grössten Theil der Menschen, und Entartung für die kleine Minderheit, und Fluch für Alle!

Glücksburg, den 30. August 1883.